한국 정치의 **성격**

쏠림과 휩쓸림, 인물 정치와 당파싸움, 응집성과 안정성

한국 정치의 성격

쏠림과 휩쓸림, 인물 정치와 당파싸움, 응집성과 안정성

인 쇄: 2016년 1월 22일
발 행: 2016년 1월 28일

지은이: 김영명
발행인: 부성옥

발행처: 도서출판 오름
등록번호: 제2-1548호 (1993. 5. 11)
주 소: 서울특별시 중구 퇴계로 180-8 서일빌딩 4층
전 화: (02) 585-9122, 9123 / 팩 스: (02) 584-7952
E-mail: oruem9123@naver.com

ISBN 978-89-7778-453-6   93340

* 잘못된 책은 교환해 드립니다.
* 값은 뒤표지에 있습니다.

이 도서의 국립중앙도서관 출판예정도서목록(CIP)은 서지정보유통지원시스템 홈페이지(http://seoji.nl.go.kr)와 국가자료공동목록시스템(http://www.nl.go.kr/kolisnet)에서 이용하실 수 있습니다. (CIP제어번호: CIP2016001200)

한국 정치의 성격

쏠림과 휩쓸림, 인물 정치와 당파싸움, 응집성과 안정성

김영명 지음

The Nature of Korean Politics

Yung-Myung Kim

ORUEM Publishing House
Seoul, Korea
2016

머리말

이 책은 한국 정치의 독특한 모습들을 포착하여 묘사하고, 그러한 특징들이 있게 된 원인을 밝히는 것을 목적으로 한다. 더 나아가 한국 정치의 독특한 문제점들을 개선하려면 어떻게 해야 할 것인지도 생각해 보고자 하나, 그러한 개선책 모색이 이 책의 주요 내용은 아니다. 어떻게 보면 한국 정치의 문제점들이라고 우리가 알고 있는 것들, 사람들이 흔히 얘기하는 것들, 즉 당파싸움, 지도력 부족, 지역주의, 부정부패, 연고주의, 이념 갈등 등등의 문제들은 한두 가지의 처방으로 간단히 또는 단기간에 해결될 문제들이 아니다. 정치권뿐 아니라 국민 전체의 정치적 수준의 올라가야 해결될 문제들이다. 아니 국민 전체의 정치적 수준이 올라가더라도 '해결'된다기보다는 '완화'되기를 기다려야 하는 것이 고작이다. 정치 선진국에서도 위에서 본 문제들이 정도 차이는 있으나 대개 존재한다고 보아야 한다. 선진국이든 후진국이든 정도의 차이는 있으나 언제나 문제는 있기 마련이고, 모두 주어진 상황에서 문제를 줄이기 위해 최선을 다하는 것이 사람들이 할 일이다. 마치 가난한 나라가 어떻게 하면 부자 나라가 될 수 있을까를 궁리하는 것과 비슷하다고 할 수 있다. 가난한 나라가 단번에 부자 나라가 될 수 있는 묘책은 없다. 세계의 성공 사례들(한국도 다행히 그중 하나에 속한다)을 참고하여 각 나라의 사정에 맞는 해결책들을 하나씩 하나씩 시행해 나가는 수밖에 없다. 그렇더라도 성공 확률은 반도 안 될 것이다. 그리고 그 '성공'이라는 것도 무엇을 기준으로 삼을 것인지 사람마다 생각이 다를 것이다.

　이 책은 한국 정치 발전의 방안을 모색한다기보다는 그에 앞서 한국 정치에서 나타나는 특징적인 현상들이 어떤 것들인지를 먼저 알아보고, 그렇게 된 이유가 무엇인지를 따져보고자 한다. 위에서 열거한 "흔히 얘기하는 한국 정치의 문제점"들은 실제로 한국 정치의 중심 문제들이라고 할 수 있다. 그러나 이 책에서 강조하고자 하는 점은 그런 문제들이 사실은 다른 나라에도 많이 존재한다는 사실이다. 다시 말해, 그런 문제들이 한국 정치에서 중요한 비중을 차지하는 것은 사실이지만, 그것들 중 많은 부분이 한국에 독특한, 고유한, 특수한 한국의 특징들은 아니라는 말이다(이 책에서는 위의 말들을 다 같은 뜻으로 사용한다). 이 책은 그러한 문제들 또는 꼭 문제가 아니더라도 한국 정치의 성격들 중 한국에서 유독 두드러지게 나타나는 특징에 주목하고자 한다. 말하자면 정치 분야에서 본 '한국론'이라고 말해도 좋을 것 같다.

이러한 한국 정치의 고유한 특성을 이해하는 것은 한국 정치가 가진 문제를 완화하고 한국 정치를 발전시키는 데 매우 중요하다. 고유한 문제와 그 고유 문제의 원인을 파악해야 그에 따른 적절한 처방이 나올 수 있기 때문이다. 그런데 한국 정치의 특징적인 현상들은 맥락 없이 그냥 생기는 것이 아니라 그것을 둘러싼 주변환경의 산물이라고 할 수 있다. 일견 당연한 듯이 들리는 이 말을 강조하는 까닭은 지금까지 한국 정치에 대한 연구에서 이런 점이 비교적 소홀히 다루어졌기 때문이다.

그러면 여기서 말하는 한국 정치에 큰 영향을 주는 고유한 환경이란 무엇을 말하는가? 지금까지 한국 정치나 한국 사회 또는 문화의 고유한 특징을 말하라고 하면 대개 유교 문화나 무속 같은 전통 문화의 영향 또는 그 변화를 들었고, 이에 덧붙여 신바람 문화, 빨리빨리 정신 같은 현대적인 특징들도 거론하였다. 하지만 이런 특징들이 구체적으로 한국 정치에서 어떻게 나타나는지에 대한 탐구는 드물었다고 할 수 있다.

전근대와 근대, 현대를 아울러 이러한 문화적 특징들이 한국 정치에서 많이 나타나는 것은 부정할 수 없는 사실이다. 예컨대, 지연·학연 중심의 연고주의는 유교적 가족주의의 영향을 받았고, 지역 보스 패거리주의 또한 유교적 연고주의와 가부장주의의 잔재라고 할 수 있다. 또 최근에 오면서 개인주의와 자유주의 정치 문화의 비중이 커지는 것은 그러한 전근대적 전통 문화의 힘이 줄어든 결과라고 볼 수 있다. 그러나 이 책에서 좀 더 상세히 볼 것과 같이 이러한 유교 문화나 더 크게는 전통 문화의 영향은 한국에 고유한 것이라고 할 수 없다. 같은

유교 문화권에 있거나 아니면 비슷한 발전 단계를 밟고 있는 사회에서
공통되게 나타나는 현상이다. 그 세세한 면모는 다르다고 하더라도 이
는 사실이다. 이러한 현상들이 한국 사회나 한국 정치에서 차지하는
중요성을 무시할 수 없지만, 그러나 그 말은 그러한 현상들이 한국에
고유한 특징이라는 말과는 다르다.

이 책에서는 한국 정치와 한국 사회의 특성을 다른 데서 찾는다.
그것은 한국 사회가 처한 고유한 역사적·구조적 '조건'들을 파악하고
그러한 조건들이 낳는 한국 정치의 특징적인 '현상'들을 제시한다. 그
러면 그 조건과 현상들은 어떤 것들인가? 이 책에서 제시하는 한국
사회의 역사·구조적 조건들은 **분단 상황, 압축 성장, 단일사회 문화**의
세 가지이고, 그것이 유발하는 한국 정치의 특정적 현상들은 **쏠림과
휩쏠림, 인물 정치와 당파싸움, 그리고 응집성과 안정성**의 여섯 가지
이다. 이 조건들과 현상들의 현황을 서술하고 그들 사이의 관계를 분
석하는 것이 이 책의 주요 내용을 이룬다. 이 가운데 '조건'들의 연원,
예를 들면 분단이 일어난 원인과 과정 같은 것들도 따질 수 있겠으나,
이 책에서는 본격적인 거론을 생략하고 필요한 범위 안에서 간략히
서술하고자 한다.

이 지점에서 독자들은 여러 가지 의문을 가질 수 있으리라 본다.
글쓴이가 미리 생각하기에 그것들은 다음과 같은 것들이다.

1) 왜 이런 조건과 현상들에 주목하게 되었는가? 이것들이 정말로
다른 나라와는 다른 한국의 특징들인가? 한국 사회와 정치가 보이는
많은 특징들 가운데 왜 이것들이 더 고유한 특징들이라고 생각하는가?

2) 이런 특징들이 다른 현상들보다 한국 정치에서 더 중요한가? 이 질문은 다른 나라와 다르게 나타나는 한국의 특징들이 다른 나라들에서도 자주 볼 수 있는 현상들보다 과연 현실적으로 더 중요한가 하는 질문이다. 별로 중요하지 않은 현상들이라면 아무리 한국에서만 나타나는 고유한 특징이라고 하더라도 별 의미가 없지 않겠는가 하는 의문이다.

3) 좀 더 이론적이면서 동시에 실제적인 질문으로, 한국 정치의 고유한 현상들이 과연 한국 사회의 구조적 조건들 때문에 일어났는가? 이것은 한국 사회의 구조적 조건들과 정치적 특징들이 과연 유기적인 관련을 맺고 있는가 하는 질문이다. 다르게 표현하면, 한국 정치의 고유한 특징들이 생겨난 원인들이 과연 이 책에서 제시하는 구조적 조건들인가 하는 질문이다. 이들이 다른 원인들에서 생겨났다고 볼 수는 없는가 하는 문제이다.

4) 만약 이 책의 소견대로 한국의 구조적 조건들이 독특한 한국 정치 현상을 유발하였다면 이에 대해 우리가 어떻게 해야 한다는 말인가? 이는 좀 더 실제적인 문제이다. 고유한 조건들을 해결하지 못하면 한국 정치의 특성들을 변화시킬 수 없는가? 이 책에서 제시하는 대로 한국 고유의 정치적 특징들이 한국 사회가 처한 구조적 조건들에서 나온 것이라고 하자. 그러면 그러한 고유한 정치 현상들을 변화시키지 위해서는 구조적 조건들을 바꾸어야 한다는 결론이 나오기 쉬운데, 구조적 조건들이라는 것은 말 그 자체에 벌써 바꾸기 힘들다는 의미가

포함되어 있다. 그렇다면 한국 정치의 고유한 문제들 역시 개선하기
힘들다는 말이 아닌가?

　이런 의문이 논리적으로 나오게 되어 있다. 이상과 같은 의문점들은
매우 타당한 의문들이다. 하지만 우리는 이에 대한 합리적인 대답을
준비할 수 있다. 이들에 대해서는 앞으로 하나씩 다루도록 하겠다. 1,
2, 3의 질문들은 제1장과 다른 장들의 해당 부분에서 다루고, 4의 질문
은 제5장 결론 부분에서 다루도록 한다.
　머리말에서 강조하고자 하는 점은 이러한 한국 고유의 특징에 주목
한 정치 또는 사회 연구가 지금껏 너무 부족했다는 사실이다. 한국의
사회과학이 미국이 주도하는 서양 사회과학의 지배를 받아서 그렇다.
서양 사회과학자들이 한국의 고유한 특징에 관심을 가질 까닭이 별로
없고(유교 문화는 예외지만 이것도 역사학자나 철학자의 몫이었지 사
회과학자들은 거의 다루지 않았다), 따라서 한국 사례에 대한 연구가
서양 사회과학의 발전에 실상 아무런 이바지도 하지 못했다. 그래서
이 연구는 서양 사회과학의 주된 조류와는 동떨어진 연구이다. 따라서
이것이 서양 또는 주류 사회과학의 발전에 기여하지도 못할 것이다.
그러나 한국 사람이 한국 정치와 한국 사회에 대하여 이와 같은 한국
고유의 연구를 시도하는 일은 뜻이 없지 않아 보인다.
　사실 바로 위에서 말한 것과는 반대로 이 연구가 서양 정치학이나
서양 사회과학의 발전에 기여할 여지가 없는 것은 아니다. 한국 정치
나 한국 사회의 특수성에 대해 이해하고 설명하는 것은 다른 나라와의
비교 연구를 위한 기초 작업이 되며, 더 나아가 세계 각국 정치나 사회

를 이해할 보편적 학문의 기반을 넓힐 수 있기 때문이다. 그러나 그렇게 되기 위해서는 이 연구가 한국뿐 아니라 서양 학자들에게도 읽혀야 하는데, 그럴 일은 일어나지 않을 것이다. 더구나 한국 학자들도 대부분 서양 사회과학을 따르기 때문에 서양 사회과학의 자연스러운 결과물이 아닌 이 책의 연구에 관심을 표하지 않을 것이다. 그러기에 내가 이 연구가 서양 사회과학의 발전에 아무런 기여를 하지 못할 것이라고 말한 것이다.

이 조그만 책자는 한국 정치에 대한 포괄적이거나 풍부한 연구가 되지 못한다. 그러기에는 더 많은 시간이 흘러야 하고, 더 많은 학자나 학생들이 비슷한 연구에 매달려야 한다. 조금 우스운 얘기가 될지 모르나, 미국에서 쏟아져 나오는 사회나 심리 관련 베스트셀러들의 사례와 비교해 보자. 그것들은 한두 가지 흥미로운 주제를 반복하여 강조하는데, 그것이 베스트셀러가 되는 이유는 수많은 사례들을 예시하여 재미있고 풍부한 내용을 독자들에게 제공하기 때문이 아닌가 한다. 그런데 그런 수많은 사례들은 저자 본인의 오랜 임상 경험(의사의 경우)이거나 아니면 많은 조수들의 협동이 있어야 가능한 일이다. 한국의 경우 세계적인 베스트셀러가 나오지 못하는 까닭이 필자의 능력 부족이나 언어상의 문제만이 아니라, 그러한 사회적 또는 직업상의 여건이 갖추어지지 못했기 때문이 아닌가 생각해 본다.

이 말은 쉽게 말해서 "나 혼자서는 이 단계에서 풍부한 몇백 쪽짜리 책을 못 내고 그저 이 정도의 작은 책자 밖에는 못 낸다."라는 변명이다. 결국 시론적인 책자에 불과하다는 자기 변명이다. 이 점을 독자 여러분들이 양해해 주었으면 좋겠다. 앞으로 '이 단계'를 지나 다음 단계가 있을지도 솔직히 장담할 수 없다. 본인의 능력 부족과 이런 독창적인 시도를 백안시하는 한국 지성계의 풍토 모두 때문이다.

이 책은 2011년에 내가 발표한 논문 "한국 정치의 특수성에 관한 연구 서설"(『비교민주주의 연구』 제7집 1호(2011))의 확대판이다. 그 논문에 살을 조금 붙인 것이다. 그때도 이 논문은 시론이다라고 했는데, 지금 이 책도 시론이다라고 한다. 그래도 논문에서 책으로 확대된 것이니 발전이 아주 없지는 않았다고 자위해 본다. 이 책에는 한국 정치의 여러 구체적인 모습들에 대한 서술이 부족하다. 이 점에 대해서는 다른 책 『대한민국 정치사』(일조각, 2013)를 내 놓은 바 있으니 그것을 참고해 주면 좋겠다. 이 두 책을 하나의 짝으로 생각해 주면 좋겠다. 글쓴이의 책 밖에도 한국 현대 정치사에 관한 책들이 많이 있으니 두루두루 참고할 수 있을 것이다.

이 조그만 책자를 내는 데에도 많은 사람들의 도움이 있었다. 일일이 이름을 거론할 수는 없지만 한국적 정치 연구의 필요성에 공감하고 같이 고민해 준 여러 동지들에게 감사한다. 출판을 맡아준 도서출판 오름과 부성옥 대표에게도 고마움의 말을 전한다. 모두 더 나은 나라와 더 나은 정치를 만드는 데 이바지하는 분들이다. 건투를 빈다.

2016년 1월
김영명

차례

[제*1*장]

들어가며:
한국 정치학의 정체성과 한국 정치의 특징

제1장 | 들어가며:
한국 정치학의 정체성과 한국 정치의 특징

　　본론으로 들어가기 전에 먼저 한국 정치학의
정체성에 관한 얘기를 아주 간단히 해 보도록 한다. 그 까닭은 이 책의
시도가 한국 정치학의 고유한 정체성을 세우려는 시도의 일환이기 때
문이다. 풀어 말하자면 한국의 정치학이 지배적인 서양 정치학의 조류
를 추종하지 않고 그 나름대로의 성격을 갖추어보려는 노력을 기울일
필요가 있는데, 이 연구가 그러한 의도를 지니고 있다는 말이다. 그런
데 여기서 강조하고 싶은 것은 "서양 정치학의 조류를 추종하지 않는
다."는 말이 서양 정치학과 동떨어진 무엇을 추구한다는 말은 아니라
는 점이다. 오히려 그것의 성과와 이점을 충분히 활용하면서 서양 정
치학 연구에서 볼 수 없는 한국인 나름대로의 연구 결과를 한번 내보

자는 것이다. 글쓴이는 이를 한국적 정치학에 대한 근본 접근에 대비되는 '실용 접근'이라고 규정한 바 있다(김영명 2010a). 사실 어디까지가 서양 정치학이고 어디부터가 아닌지도 판가름하기 쉽지 않으니, 그 둘을 명확하게 구분하는 것도 어렵다. 이 책 역시 지금까지 나온 서양 사회과학의 토대 위에 서 있다고 말할 수 있다. 그러나 이 책의 내용을 지금까지 나온 서양 사회과학계의 연구에서 찾아볼 수 없는 것도 사실이다.

글쓴이는 지난 열 몇 해의 세월 동안 한국 정치학의 정체성 확립을 강조해 왔지만, 무엇을 한국 정치학의 정체성이라고 할 것이며 어디까지가 서양 정치학이고 어디서부터가 아닌지 구분하는 것은 이 책의 관심사가 아니다. 오히려 그런 것에 대한 지나친 논의들을 헛된 짓이라고 생각하는 편이다. 구분의 어려움과 구별 기준의 모호성은 이 세상 어떤 종류의 분류에도 다 존재하는 것이니, 그런 문제에 매달리는 것은 헛된 일이라고 생각한다. 분류학 자체가 목표가 아니라면 말이다. 더 나아가 그런 문제에 매달려서 정작 중요한 연구의 실천을 안 하거나 못하는 것은 그럴 의도가 없거나 능력이 없기 때문이라고 생각한다.

석가모니는 이승이 아닌 저 세상의 모습을 묻는 제자에게 다음과 같이 말했다. "알 수 없는 일에 매달리지 말라. 그것을 묻는 것은 독화살을 맞은 사람에게 화살을 누가 쏘았는지, 독의 종류가 무엇인지, 화살의 길이가 얼마인지 따위를 묻고 있는 것과 같다. 그러는 사이에 사람은 죽고 만다. 빨리 독화살을 뽑고 치료하는 것이 우선이다. 독을 쏜 사람이나 화살의 종류는 전혀 중요하지 않다." 독화살을 뽑고 상처를 치료하는 것이 한국적 정치학 연구를 실천하는 일이다. 한국적 정치학이 무엇인지를 되묻고 되묻는 것은 독화살을 쏜 사람을 먼저 찾으려고 하는 행위와 비슷하다. 많은 학자들이 그러고 있으니 안타까운 일이다.

I. 한국 정치학의 정체성과 한국 정치 연구

한국 정치학의 정체성을 생각하기 위해서 연구 분야를 먼저 생각해 볼 필요가 있다. 먼저 한국 정치에 대한 연구를 떠올릴 수 있다. 물론 한국 정치학의 정체성을 구축하기 위해 반드시 한국 정치를 연구해야 하는 것은 아니다. 다른 나라 정치를 독창적으로 연구할 수도 있고, 보편적인 정치 이론을 한국 정치학계에서 창조할 수도 있고, 한국이나 비슷한 처지의 나라들에 대해 세계 주류 정치학이 만들지 못한 새로운 이론이나 개념을 만들 수도 있다. 그렇지만 한국 정치학의 정체성을 세우기 가장 쉬운 방법이 한국 정치를 한국인으로서 고유하게 연구하는 일일 것이다. 그만큼 우리 것이니까 우리가 외국인보다는 더 잘 알 것이고, 또 한국인이 외국인보다 한국 정치에 관심을 더 많이 가지는 것이 당연하기 때문일 것이다.

그래서 여기서는 한국 정치에 관한 한국 학자들의 연구에 대해 간단히 언급하고자 한다. 그러나 여기서 한국 정치 연구에 대한 문헌 비평을 하고자 하지는 않는다. 그러기에는 수십 년 동안에 걸쳐 진행된 한국 정치에 대한 연구가 너무 방대하고, 또 이 책의 목적에 부합하지도

않는다. 여기서 하고자 하는 것은 한국 정치를 얼마나 다른 나라 정치
와 구별되는 한국만의 고유한 특성에 주목하여 연구해 왔는지, 그리고
한국 정치학의 정체성 구축에 이바지해 왔는지에 대한 간단한 평가일
뿐이다.

그러면 지금까지 진행된 한국 정치 연구는 이 두 방향에서 얼마나
많은 업적을 낳았을까? 아쉽게도 그 대답은 별로 긍정적이지 못하다.
지금까지 한국 정치 연구는 매우 풍부하게 이루어져왔지만(김학준
2008), 아직은 한국적인 정체성을 수립하지 못한 것 같다. 한국 정치
학의 정체성 문제는 그동안 많이 제기되었기 때문에 여기서 재론하는
것이 필요 없을 정도이다.[1] 특히 국제정치학 분야에서 이전부터 많이
제기되었고(하용출 편 2008; 김학노 2008; 김영명 2009), 한국 정치
분야에서는 최근에 와서 정당(김용호 2008; 강원택 2009), 정치 문화
(김영명 2010b) 등의 분야에서 제기되었다. 그렇지만 이러한 문제의
식을 이어받아 한국 정치학의 정체성을 추구한 '실제' 연구는 매우 부
족하다. 국제정치학에서 어느 정도 찾을 수 있고(이호재 외 2005), 한
국 정치 분야에서 굳이 따진다면 지역주의에 대한 연구가 이에 해당하
지 않나 싶다. 그동안 한국 정치 연구는 그 많은 업적에도 불구하고
정당론, 국가론, 민주주의론 등에서 주로 미국 정치학의 이론과 방법
론을 답습하여 왔다는 점을 부인할 수 없다.

그래서 우리는 그동안 제기되었던 한국 정치학에 정체성이 필요하
다는 수준의 담론에서 한 걸음 더 나가가 실제로 그 정체성을 확립하
기 위한 독자적이고 '한국적'인 연구 업적을 축적할 필요가 있다. 그

---

1) 이에 대한 가장 포괄적인 비평은 이용재·이철순(2006) 참조.

하나의 방법이 다른 나라에서 보기 어렵거나 다른 나라에 비해 더 강하게 나타나는 한국의 특수한 정치 현상을 포착하고, 그 원인과 실제 모습, 그리고 변화 가능성을 분석하는 것이다. 그런데 이런 한국(인)의 특성에 대한 연구는 매우 부진한 형편이다. 한국 사회과학의 토대를 이루는 서양 이론에서 이를 다루지 않아서 수입할 수 없는 것이 한 중요한 까닭으로 보인다.

이런 특이한 문화와 그 정치적 의미에 대한 연구는 외국에서는 활발하게 나타난 바 있다. 꼭 문화에 국한하지 않더라도 그 나라에 독자적의 사회과학 체계는 자신이 처한 현실의 특수성에 입각하여 개발되었다. '특이한 일본'을 강조하는 일본인론(베네딕트 2002; 나카네 1996)이나 남미 현실에서 나온 종속이론이나 관료적 권위주의론 등이 좋은 사례가 될 수 있다. 우리가 사회과학의 토대로 삼고 있는 미국 사회과학도 사실은 앞선 유럽 학문을 적극 활용하되 유럽과는 다른 미국의 특수한 사회적 환경을 반영하여 발전한 것이었다. 그 과정을 집대성 연구한 로스에 따르면 '미국 예외주의'의 비전을 제시하고 그 위기에 대처하며 새로운 방향을 모색해 온 것이 미국 사회과학의 역사이다(백창재·정병기 2007).

한국 정치학도 이런 방식으로 한국의 특수성에 입각한 고유한 이론을 만들 필요가 있다. 그렇다고 하여 한국의 특수성만이 중요하고 보편적 현상이 중요하지 않다는 말은 물론 아니다. 단지 한국에 고유하면서도 중요한 정치 현상을 이론적으로 다룰 만한 분석틀이 부족한 상황에서, 그런 것을 만드는 노력이 중요하고 이 책이 그러한 노력의 일환이라는 사실을 다시 한번 언급할 뿐이다.[2] 그런데 이 연구는 한국 정치의 어느 특정 요소에 주목하기보다는 전체를 조망하면서 그 특이

한 면모들을 살피고 그것이 생성된 원인과 앞으로의 변화 전망을 모색
해보는 일종의 시론 형태를 띤다. 여기서 제시하는 분석틀에 입각하여
앞으로 그 분석틀의 각 요소들에 대한 더 세부적인 연구를 수행한다
면, 그것은 한국 정치학이 그 정체성을 찾아가기 위한 실제 연구의 본
보기가 될 수 있을 것이다.

II. 특수성에 관한 고려사항들

글쓴이는 10여 년 전부터 한국 사회와 정치의 독특한 면모에 대해서
글을 써 왔다. 가장 먼저 나온 것이 한국 사회와 한국 사람들의 고유
한 특징을 분석적으로 서술한 '단일사회론'이다(김영명 2005; 김영명
2011). 이 소론에서 글쓴이는 한국, 한국인의 특징을 두 가지 '조건'과
그 조건들에서 탄생한 다섯 가지 '속성'으로 나누어 규정하였다. 두 가
지 조건이란 단일성과 밀집성이고 다섯 가지 '속성'들이란 획일성, 집
중성, 역동성, 조급성, 극단성이다. 풀어 말하자면 한국 사회에 같은
문화와 같은 역사를 가진 같은 민족 구성원들(단일성)이 좁게 옹기종
기 모여 사는(밀집성) 인구, 사회, 구조적 환경이 사람들의 생각과 행

---

2) 사회과학의 보편성과 특수성에 대해서는 여기서 다룰 수 없다. 단지 학문의 보
편성이라는 것도 사실은 과학 패권의 한 표현이라는 점(김웅진 2009)과 보편성
과 특수성이 반드시 배타적인 것이 아니라 상호작용함을 지적하고자 한다.

동을 획일적으로 만들고(획일성), 사회와 정치경제를 한 군데로 몰리게 만들며(집중성), 사람들의 마음과 행동을 조급하게 만들고(조급성), 또 일이나 생각에서 극단적으로 가게 만들며(극단성), 그것이 다른 면에서는 사회를 활기차고 변화무쌍하게 만든다고 보았다(역동성). 이런 특징들이 그동안 수없이 거론되었던 유교적 문화나 권위주의 문화 또는 신바람 문화보다 현대 한국의 특징을 더 잘 묘사하고 설명해 줄 것이라고 글쓴이는 주장한 바 있다.

그러면 한국 정치의 특수성은 어떤 것들일까? 이를 분별해 내는 것에는 관찰자의 주관이 많이 작용할 수 있다. 하지만 대부분의 사람들이 동의하는 공통된 요소들도 비교적 손쉽게 식별할 수 있다. 실제로 그동안 많은 사람들이 한국 정치와 사회의 특징이라고 지적해 온 것들이 있고, 이들에 대한 학술적인 논의도 부족하지 않다.

한국 정치의 특징들로 보통 언급되는 것들은 지역주의, 유교 문화, 제도화 미비, 양극화, 정치 지도력 부족, 인물 정치, 파당 정치, 중앙집권, 지연·학연의 연고주의 같은 것들이다. 대부분 '근대성'과 구별되는 '전통성'에 속하는 것들이지만, 그뿐 아니라 전통성에서 근대성으로 넘어가는 과도기적인 변화 또한 많이 지적되었다. 권위주의에서 민주주의로의 변화, 물질적 가치에서 탈물질적 가치로의 변화 같은 것들이다. 또 한국의 특수한 지정학적 사정으로 분단 상황과 북한 변수가 거론되었고, 이에 따른 이념적 협소성 또는 보수성 등등도 흔히 지적되었다.

이 모든 특징들이 한국 정치에서 두드러지게 나타난다. 그런데 이 중에서 정말로 한국 정치의 특징 또는 특수성이라고 말할 수 있는 것은 무엇일까? 다른 나라에서는 잘 안 보이는데 한국에서 특히 두드러지는 특징 말이다.

그런데 그 전에 특수성이라는 용어에 대해 간단히 설명하고자 한다. 경우에 따라 특수성이라는 용어가 너무 강한 표현일 수도 있다. 오히려 그냥 '특징' 정도로 불러야 할 경우도 있으리라 본다. 굳이 둘의 차이를 보자면, 다른 나라에는 (거의) 없고 한국에 두드러진 경우는 한국의 특수성이라고 할 수 있다. 예를 들어 '분단 현실'이나 앞으로 논의할 '단일사회적 특성' 같은 것들이다. 또, 다른 나라에도 있으나 한국에 강하게 나타나는 것도 느슨한 의미에서 한국적 특수성이라고 할 수 있다. '압축 성장' 같은 것이다. 그런데 이와는 달리 우리나라에만 있거나 다른 나라에 비해 특별히 두드러지지는 않지만 한국 정치에서 중요한 위치를 차지하는 현상은 특수성이 아니라 그냥 한국의 '특징'이라고 해야 할 듯하다. 그러한 특징들의 보기로는 정치적 부패, 연고주의, 당파싸움, 국가주의 등등을 들 수 있다. 이런 모습들은 한국뿐 아니라 외국에서도 많이 볼 수 있지만 한국 사회와 정치에서 중요한 역할을 한다. 다른 예를 들자면 인터넷 문화의 확산을 들 수 있는데, 이러한 현상은 다른 나라에서도 많이 보이지만, 그 급속한 팽창은 한국적 특수성이라고 할 수 있다.

특징과 특수성 용어의 또 다른 차이는 특징은 좀 더 일반적인 용어이고 특수성은 좀 더 학술적이고 어려워 보이는 용어라는 점이다. 이런 여러 고려사항들을 염두에 두고, 여기서는 이 둘은 구별하기도 하되 경우에 따라 구별하지 않고 사용하기도 할 것이다.

이 책에서는 한국의 특수성이라고 불리려면 다음의 세 가지 요건들 중 적어도 하나는 충족시켜야 한다고 본다. 이를 특수성이란 용어에 대한 풀이라고 해도 좋다.

1) 다른 나라에서는 (거의) 볼 수 없는데 한국에서 나타나는 특징이다.
2) 다른 나라에서도 나타나지만 한국에서 특히 더 두드러지게 나타난다.
3) 다른 나라에서도 두드러지게 나타나는 현상이지만, 한국 정치에서 가지는 비중이 매우 크다(이 점은 꼭 특수성이라고 할 수 없고 특징 정도로 표현해야 할지 모른다. 그러나 그 비중이 큰 만큼 느슨한 의미의 특수성으로 보고, 이에 포함시키고자 한다).

이 세 가지 조건 중 하나 이상을 충족시켜야 한다는 관점에서 보면 권위주의, 연고주의, 가부장주의 등 전근대적 요소들은 한국의 특수성이라고 보기 어렵다. 이러한 성격들은 사실상 모든 비선진 사회나 정치에서 나타나는 현상이기 때문이다. 지역주의의 예를 들자면, 한국 정치에서 지역주의가 차지하는 역할이 심상치 않기는 하나, 사실 인종이나 종교 등으로 구분된 다른 균열 사회의 지역주의와는 차원이 다르다. 따라서 이것을 한국 정치의 고유한 특징이라고 보기는 어렵다. 이런 현상들이 한국의 특수성이라고 하려면 다른 나라에서 보기 어려운 세부적인 모습을 보여주어야 한다. 예컨대 일본이나 중국의 유교 문화와 다른 한국 고유의 유교적 정치 문화라든가 브라질의 가부장주의와 다른 한국의 독특한 가부장주의의 모습, 또 이탈리아의 연고주의와는 다른 한국의 독특한 연고주의 정치 등등 말이다. 그런 것이 제시되면 한국의 특수성이라고 할 수 있을 것이다. 이런 것들을 포착할 수 있을지는 모르나 글쓴이가 아는 한 그런 연구는 아직 없다. 그리고 그런 세부적인 모습들이 이 책의 핵심 관심거리도 아니다.

III. 한국 정치의 특수성: 특수한 조건과 현상

여기서는 글쓴이 나름대로 생각하는 한국 정치의 특수성에 관해 피력해 보고자 한다. 이 책은 **한국 정치의 특수한 '현상'으로** ①이념 · 계급 · 지역 편중(쏠림), ②당파싸움의 지배, ③인물 정치, ④정서적 휩쓸림, ⑤응집성 ⑥안정성의 여섯 가지를 들고, 이를 일으키는 특수한 '조건'으로 ①분단 상황, ②압축 성장, 그리고 ③단일사회 문화의 세 가지에 주목한다. 돌려 말하자면 한국의 특수한 조건들이 한국 정치의 특수한 현상들을 만들어 낸다. 현상 여섯 가지와 조건 세 가지의 상호관계(인과관계까지로 말하기에는 너무 강하여 상호관계라고 한다.)는 1대1 대응이라기보다는 복합적이다. 그 복합적인 관계는 나중에 본론에서 어느 정도 설명할 것이다.

이 요소들은 위에서 제시한 한국 특수성의 세 가지 요건들 중 적어도 한 가지는 충족한다. 현상의 ①이념 · 계급 · 지역 쏠림은 다른 나라에도 있을지 모르나 한국에서 특히 두드러지게 나타난다(위 요건 1 충족). 현상의 ②당파싸움의 지배, ③인물 정치, ④정서적 휩쓸림 ⑤응집성 ⑥안정성은 다른 나라에서도 많이 볼 수 있지만 한국 정치에서 차지하는 비중이 매우 크다(위 요건 2 또는 3 충족).

어쨌든 그렇더라도 한국 정치의 '현상' 여섯 가지는 다른 나라 정치에서도 나타난다. 이런 점에서 이것들이 한국에 '고유'하다고 할 수는 없다. 이에 비해 이러한 한국 정치 현상을 일으키는 한국의 사회 · 정치 · 문화적 '조건'들은 한국에 고유하거나 매우 특징적인 것들이다. 특수한 정도가 '현상'들보다 더 크다는 말이다. 먼저 분단 상황은 한국에만 있는 사회정치적 조건이라고 해도 과언이 아니다(위 요건 1 충족). 단일 사회 문화 또한 다른 나라에도 있을지 모르나 거의 찾아보기 힘든 한국에 '거의 고유한' 인구·사회·문화적 조건이다(위 요건 1 충족). 압축 성장은 다른 나라에서도 볼 수 있지만 이것이 한국 사회와 정치에 미치는 영향이 매우 중요하다(위 요건 3 충족).

물론 이것들 외에도 한국 정치의 특징들로 꼽을 수 있는 것들이 존재할 수 있다. 글쓴이가 다른 요소들이 아니라 하필이면 이 요소들에 주목한 까닭을 분명히 제시하기는 어렵다. 보는 이에 따라 매우 주관적이거나 상대적이라고 볼 수도 있다. 그러나 이 요소들은 글쓴이뿐 아니라 학자든 일반인이든 많은 관찰자들이, 세부적인 차이는 있겠지만, 한국 정치의 특징들이라고 꼽는 것들이다. 다시 말해 필자뿐 아니라 많은 한국인들이 이 요소들을 자신의 생활 경험을 통해 한국의 특징으로 인식하고 있다는 말이다. 이런 점에서 보면 여기서 제시하는 한국 정치의 특징(특수성)들이 결코 획기적인 발견인 것은 아니다. 오히려 평소에 많이 얘기되던 특징들 중에서 정말로 한국에 중요한 특징, 특수성들을 선별하고, 많은 요소들(조건, 현상들) 사이의 관계를 체계적으로 설명하는 데 이 책의 가치가 있다고 할 수 있다. 이런 생활 경험에 따른 인식이 학술 연구에 충분히 반영되어야 할 필요가 있고, 그럴 때 비로소 '자아준거적'인 정치학을 이룰 수 있을 것이다. 단지 그것이 학술적인 지위를 얻으려면 정교하고 체계적으로 다루어져야 하는데, 이 책은 그 '첫 출발'이기 때문에 그런 정교함이 떨어질 수밖에 없음을 고백한다.

그런데 이쯤에서 이런 의문이 들 수 있다. 위에서 제시한 요소들 특히 '현상'들이 한국에 고유한 또는 특징적인 것들이라는 점을 인정하더라도, 과연 그것들이 덜 고유한 요소들보다 한국 정치에서 더 중요한가 하는 의문이다. 다시 말해 예를 들어 이념·계급·지역 쏠림, 당파싸움의 지배, 인물 정치, 정서적 휩쓸림, 응집성, 안정성들이 이 책에서 한국의 고유한 특징이 아니라고 말한 권위주의, 학연·지연의 연고주의, 지역주의 등등보다 한국 정치에서 더 중요한가? 이것은 매우 중요한 질문일 수 있다.

이에 대한 대답을 세 방향에서 하고자 한다. 첫째, 본질적인 대답으로, 이 책에서 제시하는 여섯 가지 현상들은 흔히 지적되는 다른 현상들보다 한국 정치에서 결코 덜 중요하지 않다. 중요하다는 것은 한국 정치에서 두드러지게 나타나거나 한국 정치의 문제나 성과, 미래 전망에서 큰 의미를 지니든가 둘 중 하나를 의미한다. 이 두 의미 모두에서 위 여섯 가지 현상들은 적어도 한국 정치에서 다른 현상들만큼 중요하다. 적어도 내 주관으로는 그렇다. 어느 쪽이 더 중요한지는 판정하기 어렵고 관찰자나 심판자의 주관이 들어갈 수밖에 없으므로 정확하게 대답하지 않겠다.

둘째, 현실적인 대답으로, 위에서 제시한 여섯 가지 한국 정치 현상들은 지금까지 지적되어 온 한국 정치의 많은 다른 특징들과 동떨어지지 않고 오히려 밀접하게 연관되어 있다. 예컨대 인물 정치, 당파싸움 같은 현상들은 권위주의, 유교 문화 등의 소산이거나 밀접히 관련된다. 정서적 휩쓸림도 서양의 이성과 동양의 감성을 구별하는 기존의 상투적인 이분법과 맞닿아 있다. 물론 이 책에서는 그러한 이분법을 다 받아들이지는 않지만 말이다. 그러니 이 책에서 강조하는 한국 정치의 특징이 기존의 상식이나 기존의 학술 담론과 동떨어진 것은 아니라 할 수 있다. 사실 위에서 말한 한국 정치의 면모들은 지금까지 학자들이나 일반 지식인들이 흔히 말해 오던 것들이다. 학술 연구에서도 여기저기 산발적으로 존재한다. 더 언급된 분야도 있고 덜 언급된 분야도 있다. 하지만 한국적 특수성이라는 점에 초점을 맞추어 이들을 체계적으로 연구한 것은 드물다. 각각의 조건들과 현상들에 대한 개별적인 연구들은 상당히 진행된 것도 있지만 제대로 안 된 것들이 더 많다. 더구나 이들 조건이나 현상들의 '상호관계'에 관한 연구나 이들의 일부 또는 전부를 '체계적'인 분석 대상으로 같이 포함시킨 연구는 찾아보기 어렵다고 할 수 있다.

셋째, 방어적인 대답으로, 설령 이 책에서 제시하는 한국 정치의 특징들이 기존 담론의 또는 다른 어떤 이들이 지적할 수 있는 한국 정치의 성격보다 한국 정치의 이해나 과제 해결에 덜 중요하다고 하더라도 (물론 그렇지 않다고 지금까지 강조했지만), 특수한 어떤 현상에 대한 강조와 이에 대한 설명은 그 자체로서 학술적인 가치와 실천적인 가치 모두를 지닌다. 그것이 진부하지 않고 참신하다면 말이다. 학술적인 가치는 정치 연구의 새로운 쟁점을 제시한다는 점에서 볼 수 있고, 실천적인 가치는 문제나 성격에 대한 새로운 강조를 통해 기존과는 다른 문제 제기와 해결책 모색을 유도한다는 점에서 찾을 수 있다. 그런데 여기서 이러한 방어적인 대답은 별로 필요하지 않을 것 같다. 이 책에서 지적한 것들은 중요한 현상들이고, 그 중요한 현상들이 기존 담론에서 지적되는 특징들과 어긋나지 않기 때문이다.

그러므로, 다시 말하지만, 이 책의 논의에 가치가 있다면 새로운 무엇을 발견했다기보다는 기존에 제시되던 특징들 중에서 이론적·현실적으로 중요한 것들을 선별하고, 그것이 유발된 원인에 대해 새로운 관점을 제시하고, 여러 '조건'과 '현상'들 사이의 관계를 체계적으로 또

새롭게 제시한다는 점에 있을 것이다.

　말이 난 김에 지금까지의 관련 연구들을 잠깐 살펴보자. 한국 정치의 독특한 '현상'(표준적인 용어들로 보면 중앙 집중, 파벌주의, 제도화 부족, 이념적 보수성 등)들에 대해서는 그동안의 정치학 연구물들 여기저기에 산재해 있다(정서적 휩쓸림은 예외이다). 하지만 이들을 독자적이고 본격적인 연구 주제로 전면에 내세운 경우는 보기 어렵다. 한 마디로 한국 특수성에 대한 연구는 한국 정치 연구 동향에서 중심이 아니라 변두리에 있는 것이다.[3) 이념 갈등, 계급 정치, 지역주의 등에 대한 연구는 활발히 진행되었다. 정치 제도화의 부족이라든가 인물 지배 정치 등에 대해서도 많이 거론되었다. 그러나 이런 점들에 대해 한국적 특수성이라는 측면을 부각시키고 그것이 한국의 특수한 조건들에서 나왔다는 시각에서 접근한 연구들은 보기 어렵다고 할 수 있다. 한국 사회의 응집성이나 정치적 안정성에 관한 언급은 기존 연구에서 거의 없었다. 기존 연구나 담론들은 오히려 한국 정치의 분열과 혼란만 강조해 왔을 뿐이다(이런 점에서 이 책의 주장은 얼핏 낯설어 보일 것이다). 하지만 그 혼란과 분열이 다른 나라의 혼란과 분열과 비교하여 어떤 차이가 있는지에 대해서는 언급한 바를 본 기억이 없다.

　세 가지 특이한 '조건'들 역시 모두 일반인이나 정치학자들에게 일상적인 관심사이다. 그들의 일상 대화에서 자주 등장하며 평론적인 글들에서도 자주 나타난다. 그리고 각각에 대한 학술적 연구 역시 풍부하

---

3) 지금 한국 정치 연구의 주류는 정당과 선거 연구이고, 그 다음이 정치경제 연구일 것이다. 이들은 풍부한 연구 성과를 보이지만 외래 이론의 한국적 적실성에 대한 고민은 부족해 보인다.

다. 그러나 이들의 정치적 의미에 대한 연구는 부족하다. 분단에 대해서는 많은 연구가 나왔지만, 대개 분단의 원인과 책임 문제에 치중하였고 2000년대 들어 6.25 전쟁이 한국인의 일상생활에 미친 영향에 대한 연구들이 나타났다(김동춘 2000; 박명림 2002). 하지만 분단이나 전쟁이 한국의 정치과정이나 그 변동에 미친 영향에 대한 본격적인 연구는 아직 부족하다.

정치 문화에 관한 연구는 풍부하지만(박종민 2008), 미국 학계에서 제시된 지표들을 사용한 설문조사 연구에 치우쳐 있어서 고유한 한국적 정치 문화에 대한 관심이 부족하거나 유교 문화를 강조하는 정도에 머무르고 있다(김영명 2010b). 물론 이 말이 지금까지 나온 한국 정치 문화에 관한 풍부한 연구결과를 부인하는 것은 아니다. 단지 이 역시 '보편적' 연구에 치중하여 특수한 한국적 정치 문화라는 측면에 대한 관심이 덜했다는 말이다.

압축 성장의 정치적 의미 또한 지식인의 일상적 관심 정도에 비해 학문 연구가 부족한 분야이다. 다시 말해 정부 주도의 급속한 산업화가 한국 정치에 어떤 영향을 미쳤는지에 대한 학문적 분석 결과가 거의 없다. 물론 노동 억압이나 노동계의 정치 참여에 관한 연구들은 많지만 이를 산업화의 정치적 영향에 관한 연구라고 하기는 어렵고, 경제 성장을 통한 정부의 정치적 정당성 획득 등에 관한 언급들은 많지만 이 점이 본격적인 독립 연구 대상이 되지는 못했다. 오히려 그 반대 방향의 연구, 다시 말해 정부가 산업화에 미친 영향, 그로 인한 국가-사회 관계의 변화, 경제 성장 과정에서 나타난 정부와 기업 관계의 변화, 동아시아 자본주의의 특성 등에 관한 연구들은 매우 풍부하다.

그러면 한국 정치의 고유한 현상들이 과연 한국 사회의 구조적 조건들 때문에 일어났는가? 한국의 특징적인 정치 '현상'들이 반드시 한국의 특수한 '조건'들에서만 오는 것은 아닐 수 있다. 다른 조건들이 그 원인일 수도 있다는 말이다. 예컨대, 인물 정치나 당파싸움이 반드시 압축 성장이나 단일사회 문화의 결과가 아닐 수도 있다. 더 '보편적'인 후진 정치 현상으로 이해할 수도 있다. 이 책은 이런 점을 충분히 인식하면서도, 그 조건들과 현상들의 상관관계가 한국 정치 특수성의 중요한 부분을 이룬다고 본다. 다만 다른 조건들이 중요할 경우 그러한 다

〈그림〉 한국 정치의 특수성

특수한 '조건'	특수한 '현상'
분단	이념·계급·지역 쏠림
압축 성장	당파싸움
단일사회 문화	인물 정치
	정서적 휩쓸림
	응집성
	안정성

른 요인들에 대해서도 적절하게 언급하면서, 동시에 한국의 특수한 조건들이 직간접적으로 여전히 중요한 원인임을 밝힐 것이다.

독자의 기억을 돕기 위해 되풀이하자면, 이 책자는 한국 정치가 당면한 특수한 조건들(분단, 압축 성장, 단일사회 문화)이 그 독특한 현상들(쏠림과 휩쓸림, 인물 정치, 당파싸움, 응집성과 안정성)에 큰 영향을 준다고 본다. 이들의 관계는 〈그림〉과 같이 요약할 수 있다. 이제 이들을 서술할 차례인데, 먼저 한국 정치의 특수한 조건들과 현상들의 관계에 대해 간단히 요약하고, 그 다음 '현상'들의 차례를 따라 조금 더 구체적으로 한국 정치의 특징적 면모를 서술하도록 하겠다.

〔 제**2**장 〕

분단, 압축 성장, 단일사회 문화:
한국 정치의 특수한 조건들

제2장	분단, 압축 성장, 단일사회 문화: 한국 정치의 특수한 조건들

이 장에서는 앞 장에서 제시한 한국 정치의 세 가지 특수한 조건들, 곧 분단 상황, 압축 성장, 단일사회 문화에 대해 간단히 설명하기로 한다. 앞의 두 조건들, 즉 분단 상황과 압축 성장은 많은 사람들이 말해 온 일종의 상식에 속하는 요소들이라 긴 설명이 필요하지 않다. 하지만 단일사회 문화는 한국의 정치 문화 또는 사회 문화적 특징을 설명하기 위해 글쓴이 나름대로 제시한 개념이라 설명이 조금 더 필요한 것 같다. 이 세 요소들이 한국 정치에 어떤 영향을 주고 어떻게 작용해 왔는지를 요약하여 보자.

I. 분단과 한국 정치

먼저 분단 상황이 한국 정치에 미친 일반적인 영향을 서술하고, 뒤이어 그것이 한국 정치의 특수한 현상에 미친 영향을 제시한다.

1. 분단 상황이 한국 정치에 미치는 일반적 영향

분단 상황이 한국에 특수한 정치사회적 조건이라는 데 이의를 다는 사람은 없을 것이다. 한반도는 세계에서 마지막으로 남은 민족 분단 지역이다. 중국과 대만의 경우가 있지만, 사실 이들을 같은 분단 국가들이라고 하기에는 한국의 경우와는 너무 다르다. 분단 상황은 그동안 한국 정치에 커다란 영향을 미쳤다. 무엇보다 6.25 전쟁이 한국의 사회와 정치에 엄청난 충격을 주었고, 이후 지속된 분단 상황은 그 외에도 여러 측면에서 한국 정치 과정에 커다란 영향을 미쳤다. 분단 상황이 한국 정치 과정에 미친 영향은 몇 가지로 볼 수 있다. 우선 한국의 정치경제체제를 자유주의적 자본주의와 자유민주주의체제를 벗어나지 못하게 하였고, 권위주의 국가가 반공 이념을 통하여 민간사회를 통제하기 쉽게 만들었으며, 북한과 통일 문제를 둘러싸고 일어난 정파들 사이의 정쟁이 한국 정치의 중요한 부분을 차지하였다. 민간사회에서도 특히 민주화 이후에 이 문제를 둘러싼 이념 논쟁이 나타났다.

학자든 일반인이든 이러한 사실을 인식하지 못하는 사람은 별로 없을 것이지만, 이 문제를 정면으로 다룬 학술적 연구는 많지 않다. 지금까지 분단의 원인과 과정에 대해서는 수많은 연구들이 나왔으나, 그에 비해 분단 상황이 한국 정치의 중요 국면으로 부각된 연구는 드물다. 민주화 시기(1980년대 중반~1990년대 중반)에 '분단과 한국 사회'나 이와 비슷한 제목을 가진 저술들이 나왔는데, 이러한 글들은 주로 분단이 한국 사회의 자본주의적 지배 구조나 반공 이데올로기 형성에 미친 영향에 초점을 맞추며 주로 역사사회학적인 관심을 보였다(김동춘 1997; 김진균·조희연 1985). 이에 비해 분단 상황이 한국의 구체적인 정치 과정에 미친 영향은 독자적인 연구 대상이 되지 못하였다. 또, 기존 연구들은 분단 상황 전반의 정치사회적 영향보다는 6.25 전쟁의 사회적 영향에 더 주목하는 경향을 보였다(손호철 외 1991). 어쨌든 이 연구들보다는 전쟁의 발발이나 원인에 대한 연구가 훨씬 더 풍부하다고 할 수 있다. 2000년대에 들어서는 전쟁이 당시 한국인들의 삶에 미친 영향에 주목하는 미시적인 연구들도 나와 연구의 방향이 조금 바뀌었음을 알 수 있다(김동춘 2000; 박명림 2002).

최근 정치학계의 한 주류를 이루는 투표 행태에 관한 미시적 연구에서 북한이나 남북관계 요인이 중요한 변수로 취급되는 경우들이 많지만(강원택 2003), 이 역시 분단이나 북한 요인을 중심으로 놓은 연구라 할 수는 없다. 한국 현대 정치사 전공자들이 수행한 이승만 정권의 정치과정에 대한 연구들에서 분단 요인이 좀 더 인식되고 있는데, 이는 분단과 전쟁을 직접 겪은 당시 상황으로 볼 때 자연스러운 현상이다(서희경 2004; 이완범 2005). 이런 연구들이 그 이후 시기로 좀 더 일반화되고 확대될 필요가 있다.

글쓴이는 이미 오래전에 분단 상황을 산업화, 힘 투쟁과 함께 한국의 정치 변동을 결정짓는 세 가지 요소 가운데 하나로 제시하고, 이에 따라 해방 이후 한국의 정치 변동 과정을 서술한 바 있다(김영명 1992). 그 책이 나온 지 20년 이상이 지난 지금도 그 당시 제시한 분석틀은 여전히 유용하다고 본다. 이미 당시에 남북한 해빙이 시작되었고 그 이후로도 남북한 관계는 강경과 온건, 해빙과 동결의 교차와 부침을 계속해 왔기 때문이다. 그때나 지금이나 분단 상황과 북한 변수가 한국 정치에서 가지는 의미는 세부적인 변화가 있지만 크게 보아 대동소이하다.

분단 상황이 대한민국의 정치과정이나 그 변화에 미친 영향을 몇 가지로 나누어 제시하면 다음과 같다.

1) 분단의 구조적 제약: 민족 분단의 1차적 원인을 제공한 미국의 영향은 한국의 정치경제체제를 미국식 자유민주주의와 자본주의로 국한하고, 그 바깥을 허용하지 않았다. 다시 말해, 분단 상황은 한국 정치경제 구조의 근본 한계선을 설정하였다. 또 한미 동맹의 중요성에 대한 인식이 한국의 대내외 정치에 반공 국가와 미국 동맹국으로서의 근본 한계선을 설정하였다. 이런 구조는 정치인과 국민 일반의 반공 의식과 이념을 고조시켰고, 보수적 가치관과 이념이 한국에 팽배하게 만들었다.

2) 권위주의 정권의 억압과 민주화 투쟁: 한국 정치를 오랫동안 장악한 권위주의 정권들은 분단 상황을 정치적 억압의 기제로, 그리고 통치 명분으로 사용하였다. 안보 위협과 반공 이데올로기를 통해서였다. 이에 저항한 민주화 운동은 대북 유화 정책 및 통일 운동과 결합하여 정국에 파란을 불러일으켰고, 이런 상황이 보수 지배세력의 탄압

또한 고조시켰다. 다른 한편 민주화로의 정치적 변동은 분단 상황과 통일의 전망에도 상당한 영향을 주었다. 이러한 사실은 분단 상황이 한국의 정치 과정에 중요한 구조적 조건으로 작용할 뿐 아니라 역으로 한국의 정치 과정이나 정치 변동 또한 분단 상황에 큰 영향을 줄 수 있음을 증명하였다.

3) 대북 정책의 정치적 이용: 한국의 역대 정부들은 남북관계를 정치적으로 활용하였다. 정부 정당성을 높이기 위해 적극적인 대북 정책을 펼치거나 통일 방안을 내놓기도 하였다. 동시에 북한 정부의 행동, 즉 도발이나 평화공세 등이 한국의 국내 정치에 영향을 주기도 하였다.

4) 민간 통일 운동의 정치적 파장: 주로 민주화 시기에 나타난 민간의 진보적 통일 운동이 국내 정치에 파문을 일으켰다. 이는 현직 정부의 대북 정책에 영향을 주었을 뿐 아니라 국내의 보수-진보 갈등을 일으키거나 정부가 보수 강경책으로 선회하는 계기를 만들기도 하였다. 더 일반적으로 말해, 이러한 진보적 통일 운동은 국내의 정치세력 구도와 정치변동의 방향에 상당한 영향을 미쳤다.

5) 화해 협력 정책과 정치 갈등: 이런 상황이 국내의 이념-정치 갈등 즉 '남남 갈등'을 일으키기도 하였다. 최근 들어 한국 사회에서 두드러지는 이른바 이념 갈등은 경제-사회체제를 둘러싸고 일어나는 것이 아니라 주로 북한 변수를 둘러싸고 일어나는 갈등이다. 친북, 용공, 종북 등 다양한 용어로 변해 온 대북 온건 세력, 경우에 따라 추종 세력과 대북 강경 세력의 대결이, 민주화라는 거대 변동의 쟁점이 사라진 지

금 한국 이념 갈등의 중심에 자리 잡고 동시에 정치 갈등의 중요한 한 요소로 작용하고 있다. 최근에 와서는 북한 핵 개발과 이를 둘러싼 남북 갈등이 보수파의 목소리에 힘을 실어준 점을 간과할 수 없다.

6) 분단 변수의 성격과 중요성 변화: 이런 방식으로 분단 변수는 민주화 이후에 성격이 바뀌어, 정권의 억압 기제에서 보수-진보 정치 갈등의 요소로 바뀌었다. 분단 변수가 한국 정치에 미친 영향의 크기를 보자면 권위주의 독재 시절에 더 강하였고, 민주화 이후에는 그 중요성이 비교적 약해졌다고 볼 수 있다. 전체적으로 볼 때, 민주화 이후의 북한 변수는 정파들 사이의 정쟁의 수단으로 작용하였지만, 그 변수가 한국 정치 과정에 결정적인 변수로 작용하지는 않았다. 정파들이 북한 변수를 선거에 이용하거나 정부가 반대파를 억압하기 위해 공안 정국을 조성하는 정도의 작용을 하였지만, 박정희나 전두환 시절에 비해서는 그 변수가 한국 정치나 사회에 미친 영향은 줄어들었다고 할 수 있다. 심지어 남북한 사이의 직접 충돌 사건이었던 서해 해전들(1999년 1차 연평 해전, 2002년 2차 연평 해전, 2009년 대청 해전)도 국내의 정치사회적인 영향은 미미하였다.

다시 말해, 한국 정치에 미치는 분단의 영향은 정권의 일방적 억압과 반대파의 저항 위주였던 것에서 대북 정책을 두고 정치사회적 갈등이 확산되는 현상으로 바뀌었다. 이는 정치적 민주화가 진행되면서 한국 사회에 이념적 다양성이 어느 정도 생기고, 그 결과 남북 긴장이 과거보다 완화되고 화해 협력 정책이 시행되면서 이를 둘러싼 한국 내 여러 세력들 사이의 이견이 노출되었기 때문이다. 최소한 이제 안

보를 빌미로 한 국가의 민간사회에 대한 탄압과 독재는 불가능하게
되었다. 그 대신 북한 변수는 국내 각 정파들 사이의 이익 투쟁에서
중요한 소재로 자리 잡았다.

지금까지의 한국 현대사를 보면 위에서 분류한 분단 요인들 가운데
'구조적 제약'과 '정권의 안보 이용'이 국내 정치에 미친 영향이 가장
중요하였다고 볼 수 있다. 그 다음을 꼽는다면 '남남 갈등'인데, 이는
지금도 계속되는, 이 시점에서는 실제로 가장 중요한 분단 정치 현상
이라고 할 수 있다. 나머지 요인들은 구체적인 정치 과정에서 소란을
일으키기는 하였지만, 국내 정치 과정에 결정적인 변수로 작용하지는
않았다. 앞으로 분단 요인은 권위주의 시절처럼 정권이 정치적으로 악
용할 가능성보다는 각 정치세력들이 대북관계와 통일의 쟁점을 둘러
싸고 국민적 정당성 획득을 위한 게임의 재료로 작용할 가능성이 크
다. 시민사회 역시 보수와 진보세력으로 나뉘어 힘 대결을 펼칠 공산
이 크다. 궁극적으로는 통일로 향한 구체적인 작업들(남북한 간의 혹
은 남한 내의)이 한국 정치의 맥락을 상당히 바꾸어 놓을 가능성도 없
지 않다. 분단 상황과 한국 정치는 다양한 모습으로 서로에게 영향을
미쳐 온 바, 앞으로도 통일 국가가 수립되지 않는 한 그 관계는 구체적
인 모습을 달리 하면서 지속될 것이다.

2. 분단 상황이 야기한 한국 정치의 독특한 현상들

이상과 같이 분단 상황이 한국 정치에 미친 영향들을 이 책에서 제
시하는 한국 정치의 특수성에 비추어 요약하면 다음과 같이 제시할

수 있다. 분단 상황은 한국 정치의 특수한 '현상'들 가운데, 이념-계급
쏠림, 국가에의 힘 쏠림에 직접 영향을 주었고, 당파싸움과 인물 정치
에 간접 영향을 준 것으로 파악된다. 또 정치경제체제의 안정성에도
이바지하였다. 이를 좀 더 구체적으로 보자.

- 이념 쏠림: 분단 상황은 한국의 사회와 국가에 반공 이념과 보수주
  의가 팽배하는 데 결정적인 역할을 담당하였다. 반공과 안보 이
  데올로기를 이용하여 국가는 민간사회에 대한 통제를 쉽게 확립
  할 수 있었다. 반대로 사회세력들, 특히 진보적인 사회세력들은
  국민 일반의 보수성과 국가의 이념적·물질적 지배로 말미암아
  성장에 큰 장애를 겪었다. 이러한 현상은 해방 이후 국가와 민간
  사회의 관계가 크게 변모하지 못하고 정치적 대안의 폭이 제한
  받는 데 큰 몫을 담당했다. 한국에 대한 미국의 영향은 한국의
  정치경제체제를 자유민주주의와 자본주의로 국한하고, 그 바깥
  을 허용하지 않았다. 한반도의 분단은 미국이 주도한 세계 정치-
  군사적 전략 구도에 한국이 편입되었음을 의미하였다. 6.25 전
  쟁의 결과 더욱 강화된 이러한 상황은 한국의 정치 과정에 미국
  정부가 큰 영향력을 행사할 수 있게 만들었다(김영명 1988).[4]
  물론 그 영향력은 지속적으로 감소되어 왔지만, 아직도 상당한

---

4) 미국이 한국 정치에 미친 커다란 영향에 비해 그것을 포괄적으로 다룬 연구는
   놀라울 정도로 없다. 특정 정치 변동이나 사건들에 대한 미국의 개입 여부에
   대한 연구는 좀 있는 편이다. 개별 사건들에 대한 미국의 역할은 책의 주제와는
   동떨어져서 문헌 소개를 생략한다.

정도로 존재하고 있다. 미국 주도의 세계 정치-군사적 구조에의 편입은 동시에 세계 자본주의 구조에 한국이 통합되었다는 사실을 의미한다. 이런 구조는 정치인과 국민 일반의 반공 의식과 반공 이데올로기를 고조시켰고, 보수적 가치관과 이념이 한국에 팽배하게 만들었다. 예컨대 요즘 거론되는 한국의 좌우파 개념은 세계의 보편 기준에 비해 볼 때 매우 오른쪽으로 치우친 상태에서 구분된다. 다시 말해 한국의 진보 좌파는 세계적 기준으로 볼 때 좌파라고 말하기 어려울 경우가 많다.[5] 특히 경제 사회 정책의 면에서 그러하다.

■ **국가에의 힘 쏠림**: 해방과 분단, 그리고 6.25 전쟁의 소용돌이 속에서 군부를 중심으로 국가 기구가 크게 강화되었다. 그 반면, 전통적 지배계급이 해체되고 새로운 계급은 탄생하지 못한 결과 사회계급은 매우 취약하여, 이에 대한 강력한 국가 통제가 가능하게 되었다. 특히 6.25 전쟁을 통한 민간사회의 피폐는 국가의 사회 통제력을 더욱 확대시켜 주었다. 이러한 상황은 1960년대부터 시작된 산업화의 영향으로 상당히 변하기 시작했으나, 정치 민주화가 본격화되고 시민사회가 성장한 1990년대까지 한국의 국가-사회 관계는 대체로 그러했다. 남북한의 군사적 대치는

---

5) 이념이 한쪽으로 쏠렸다고 해서 이념 갈등이 없다는 말은 아니다(현재호 2004). 정파들 간의 이념 격차는 좁지만 그 좁은 범위 안에서 갈등이 일어날 수 있다. 그래서 이념 격차와 갈등의 정도가 꼭 비례하는 것은 아니라고 볼 수 있다.

한반도에 유례없는 군사화를 초래하여, 군부의 비대로 말미암은 군부 통치를 용이하게 하고 사회의 준군사적 조직화에 이바지했다. 이러한 상황이 민간사회나 정치사회에서의 진보적 운동을 억압하고 국가의 사회 통제와 정권의 독재화에 이바지하였음은 물론이다. 그 결과 한국의 정치는 줄곧 보수세력이 지배하게 되어 정치 이념과 체제의 다양한 선택이 불가능하게 되었다. 남북한의 군사적 대치로 말미암은 국가 안보의 문제는 국가 권력자와 보수세력으로 하여금 자신의 지배를 안보와 통일 문제로써 정당화할 여지를 제공했다. 정권이 독재화될수록 이러한 현상은 심하였다. 특히 유신체제의 경우 안보 문제는 경제 성장과 더불어 정치적 정당성의 주요 재료로 이용되었다.

■ 계급 쏠림: 분단 상황은 급속한 산업화를 겪은 한국 사회에서 반공 이데올로기를 팽배하게 만들어 노동 계급을 비롯한 하층계급의 조직화나 정치화를 가로막는 요인으로 작용하였다. 권위주의 시대뿐 아니라 민주화가 된 이후에도 노동운동은 용공세력으로 몰리기 일쑤였다. 이런 점이 국가와 상층계급의 지배를 비교적 쉽게 만들었다. 한국은 특히 전쟁 이후 일종의 하향 평준화가 일어나 비교적 평등한 사회가 되었으나, 이후 급속한 경제 성장을 겪으면서 계급 불평등이 고조되었는데, 이런 상황에는 분단으로 인한 이념적 보수화와 국가의 계급 억압도 한몫을 하였다. 특히 1990년대 말 외환위기 사태 이후 급속하게 진행된 신자유주의적 세계화 정책은 빈부 격차와 계급 격차를 가중시켰다. 이에 대한

진보적 도전은 사회주의 또는 친북 세력으로 낙인찍히기가 매우
쉬운 상황인 바, 이는 분단 상황의 직접적인 결과이다.

■ 인물 정치와 당파싸움: 이념과 계급이 한쪽으로 쏠리다 보니 이 요소
들에 입각한 정치제도 특히 정당들이 발달하기 어려웠다. 그래
서 한국의 정당 정치는 이념, 계급, 정책에 입각한 정치가 되지
못하고 인물 정치와 당파싸움이 지배하게 되었다. 물론 이렇게
된 상황에는 분단 상황뿐 아니라 여러 사회경제적·문화적 요소
들이 작용한다. 이를테면 사회경제적 근대화가 충분하지 않은
상황, 즉 퇴니스의 표현대로 '이익 사회'가 아닌 '공동 사회'에 도
입된 현대적 정치 제도가 전통적인 연고주의를 탈피하지 못했다
든가, 문중이나 학연·지연을 중시하는 유교 문화가 여전히 강하
다든가 하는 요소들 말이다. 하지만 그런 요소들도 중요하지만,
분단 현실 역시 위에서 말한 대로 간접적인 방식으로 한국 정치
제도의 발전을 가로막았다고 할 수 있다. 이념 쏠림 현상은 다른
말로 다양한 이념의 각축이 없다는 말이고, 이것은 체제 바깥의
이념이나 이념 세력이 체제 자체를 위협할 가능성이 크지 않다
는 말이다. 체제에 대한 위협은 북한의 존재에서 가장 크게 오는
데, 달리 보면 이념적 분할이 남북한 분단으로 정착되었기 때문
에 남북한 내부에서의 이념 격차가 작다고 할 수 있다.

■ 안정성: 분단이라는 구조적 제약은 한국 사회에 많은 갈등을 유발
하기도 했지만, 다른 한편 한국의 정치경제 구조에 명백한 테두
리를 설정하여 체제의 안정성에 기여하였다고 할 수 있다. 여기서
안정성이라는 것은 한국 정치사의 격변들을 간과하는 것이 아니
고, 자본주의체제와 자유민주주의적 이상(현실은 다른 시기가
많았지만)의 테두리가 견고하였다는 뜻이다. 다른 변동 사회들
에 비해 한국의 체제 안정성이 강하다는 사실을 부인할 수 없다.

II. 압축 성장

여기서는 산업화와 압축 성장의 개념을 구별하여 순서대로 그 정치
적 영향을 요약한다.

1. 산업화와 한국의 정치 변동

다른 나라와 마찬가지로 한국의 산업화는 정치와 밀접히 관련되어
있다. 산업화는 특정 정치세력이 정치적 정당성을 쌓기 위한 방편 구
실을 하기도 하였고, 거꾸로 산업화 과정에서 나타난 여러 가지 문제
들이 한국 정치에 많은 영향을 주기도 하였다. 한국 산업화의 특징은
국가 주도의 수출 지향적 산업화라는 점과, 늦게 시작하였으면서도 급

속하게 규모를 확대했다는(즉 압축 성장) 두 가지 측면에서 보인다. 한국의 산업화 과정이 가진 이 두 가지 특수성은 한국 정치에 큰 영향을 미쳤다. 산업화와 직접 관련 없이 일어나는 사회적 변동, 이를테면 교육의 확대 같은 요소도 특정 시기에 따라 한국의 정치변동에 상당한 영향을 미친 것으로 판단된다. 그러나 급격한 한국의 사회 정치적 변화는 아무래도 1960년대 이후의 급속한 산업화의 결과로 나타났다고 보는 것이 타당하다. 또한 근대 이후의 사회 변화 중 산업화가 가장 보편적인 범주로 취급되는 것이 일반적이다.

그런데 산업화와 한국 정치의 관계, 특히 산업화가 정치 변동에 미친 영향에 대한 학술 연구는 놀라울 정도로 부족하다. 이를 연구 주제로 정면으로 다룬 것을 보지 못하였다. 한국의 정치-경제 관계에 대한 연구는 국가가 산업화 과정에서 담당한 주도적 역할과 산업화 과정에서 빚어진 국가-재벌 관계, 국가-사회 관계의 변화에 관한 것이 대부분이다. 산업화가 한국 정치변동에 미친 영향에 대해 글쓴이는 20여년 전에 다음과 같이 정리한 바 있다(김영명 1992). 이를 간단히 옮기되, 이 항에서는 산업화와 한국 정치 변동의 일반적인 관계를 서술하고, 다음 항에서 산업화가 보인 압축 성장의 면모와 그것이 야기한 한국 정치의 독특한 면모를 요약한다.

1) 한국의 본격적인 산업화는 1961년 박정희 주도의 군부 쿠데타가 성공한 뒤에 시작되었다. 군사 정권이 산업화를 주도한 것이다. 산업화를 국가가 주도했다는 사실은 쿠데타로 집권한 군부 지도자들이 사회세력으로부터 상당한 자율성을 견지하고 자신이 추구하는 바대로의 발전 방향을 모색했다는 것을 의미한다. 실제로 미 군정기부터 시작된

토지 개혁으로 지주세력이 와해되고 급속히 분출했던 노동자, 농민 세력들도 미군정 및 우파 집권세력의 탄압과 6.25 전쟁 때문에 궤멸하여 사회세력의 정치적 기반은 거의 파괴되다시피 하였다. 이승만 정권 시기 미국의 원조에 힘입어 삼백 산업(제분, 제당, 면방직) 위주의 경공업 분야에서 약간의 자본가와 노동 계급이 형성되었으나, 이들이 국가에 강력한 도전을 행사하거나 정치 변동의 주력으로 부상하기에는 역부족이었다. 그 반면 국가는 미 군정기와 이승만 지배를 거치면서 발전한 강력한 군부와 경찰, 그리고 관료 집단에 힘입어 사회세력을 압도하는 강성 국가의 면모를 유지하였다. 특히 6.25 전쟁을 거치면서 수적으로나 제도적으로 강력해진 군부는 무력, 조직력, 기술 수준의 면에서 민간 집단을 압도하였다. 이러한 상황이 5.16 쿠데타의 구조적 환경을 제공하였고, 이를 정치적으로 이용한 군 장교들은 쿠데타 성공 후 자신의 정당성 확보와 자신이 규정한 바대로의 '조국 근대화'를 위하여, 외국 자본의 유치와 기술관료 집단의 협조에 힘입어 급속한 산업화의 길로 치달았다.

2) 이렇게 볼 때 산업화를 통한 급속한 경제 성장은 권위주의 지배세력의 물적 토대와 정치적 정당성을 제공하는 역할을 담당하였다. 외자 도입을 통한 자본 축적과 재벌 형성을 통해 이루어진 급속한 경제성장, 자본가와 중간계급에 대한 통제와 유인의 병행, 성장하는 노동자와 도시 주변계급, 그리고 농민들에 대한 억압을 통해 군부 지배 집단은 오랫동안 정치 권력을 유지하는 데 성공하였다. 재벌에 대한 국가의 통제는 은행 여신 관리를 통한 규제 등 다양한 방법으로 이루어졌는데, 이것은 근본적으로 재벌의 탄생과 성장 자체가 국가의 특혜를

통한 적극적 육성 정책에 힘입었기 때문에 가능하였다. 이러한 정경유착을 통하여 국가와 자본가는 보호자-피보호자의 공생 관계를 유지하면서 민중 부문을 억압하였다. 한편 외자에 대한 지나친 의존은 한국 경제를 세계 시장에 크게 의존하게 만드는 경제적 문제도 유발하였고, 동시에 정치 발전의 폭을 세계 자본의 논리에 제한 받게 만드는 부작용도 초래하였다.

3) 다른 한편으로, 급속히 추진된 경제 성장의 과실이 중간계급과 상층계급의 정권에 대한 지지 내지는 묵시적 동의를 끌어내는 데 상당히 성공한 것도 사실이었다.[6] 고도 성장은 대한민국 국가의 정치적 정당성 제고에 큰 도움을 주었다. 특히 박정희의 일인지배 권위주의 정권에 정치적 정당성을 제공하였다. 중간계급이 박정희나 전두환의 정치적 독재에 지지를 보냈다고 말할 수는 없으나(각종 선거 결과로 볼 때 상황은 그 반대였다), 경제 성장의 혜택이 중간계급에로 상당 부분 누하되었기 때문에(이른바 낙수효과) 그들은 일종의 침묵과 묵시적 동의로써 권위주의 지배체제의 존속에 기여했다. 따라서 그들은 정치적 변혁기에 과격한 변화보다는 안정을 선호했으며, 이것이 군부 지배체제의 지속에 상당한 몫을 담당했다. 그러나 중간계급을 단순히 권위주의에 묵종하거나 정치적 안정만을 희구한 세력으로 단순화시키기에는 문제가 복잡했다. 전두환 정권 말기에 보인 중산층의 이반은 이

---

6) 권위주의 정권에 대한 농촌 지역과 하층계급의 지지는 이들의 계급의식 박약과 정부의 정치적 동원 등의 요인으로 설명 가능하다. 그중 계급의식 박약은 이 책 분석틀의 일부분이다.

들이 경제적 수혜를 더 이상 받지 못해서라기보다는, 전 정권의 정통성에 대한 회의와 오랫동안의 군부 지배에 대한 염증 때문에 일어난 일이었다고 보아야 한다. 정치적 동기가 경제적 동기보다 더 중요했던 것이다. 이러한 현상은 권위주의 지배에 묵종하면서도 특정한 정치적 계기에서 이를 무너뜨리는 힘으로 작용하는 중간계급의 정치적 이중성을 보여주었다. 한국의 중산층은 대체로 정치적 안정과 자유민주주의적 가치를 희구하면서, 이 둘이 충돌할 때 전자를 선택하는 경향을 보였다고 하겠다.

4) 민간사회와 국가의 구조적 변화 외에도 산업화가 미치는 정치적 충격은, 더 직접적으로, 산업화 과정에서 나타나는 경제적 위기가 초래하는 정치 위기에서도 찾을 수 있다. 한국에서 중대한 정치적 변동이 일어났던 대부분의 경우 그 직전에 경제 위기가 존재했다. 이러한 경제적 위기는 산업화의 와중에서 소외된 세력의 구조적 불만을 폭발시키는 기폭제로 작용했다. 이러한 불만의 폭발이 한국 정치변동의 동력을 제공하고 그 방향에 영향을 미친 경우는 많다. 그러나 여기에서 제기되는 문제는 이러한 경제 위기가 정치변동을 몰고 올 정치 위기를 직접적으로 초래했느냐의 문제일 것이다. 이는 구체적인 상황에 대한 분석이 필요한 사항이고, 이 책의 논의 대상은 아니다.

5) 마지막으로, 더 장기적인 시각에서 자본주의 산업화와 정치적 민주화의 관계를 주목할 필요가 있다. 이는 오랫동안 정치사회학적 논의의 주요 쟁점이었다. 즉 산업화의 성과가 민주주의 정착에 긍정적인 영향을 미칠 것이라는 고전적 논의와 자본주의 산업 심화가 정치의

권위주의화를 야기한다는 주장이 대립되었다. 자본주의 산업화의 특정 국면에서 자본 축적의 필요성이 대중의 억압과 정치적 독재를 야기할 수 있다는 사실은 오도넬의 관료적 권위주의론에서 강력히 제기되었다(O'Donnell 1973). 그러나 장기적인 관점에서 인과관계가 아닌 느슨한 상관관계를 고찰할 때, 산업화의 진전은 권위주의보다는 자유민주주의의 제도를 정착시킬 가능성이 크다고 할 수 있다. 이에 대해서는 매우 복잡하고 방대한 이론적·경험적 논의들이 있기 때문에, 이를 다루는 것은 이 책의 범위를 벗어나는 것으로 생각된다. 그러나 간단히 얘기하자면, 산업화가 야기하는 사회의 세분화와 다양화, 사회경제적 자유화와 자율성의 필요성 증대는 중산층 확대와 이로 인한 민주적 가치의 성장을 통해 민주주의체제의 정착 가능성을 높일 것으로 생각된다(Dahl 1989).

2. 압축 성장과 한국의 독특한 정치 현상

그런데 한국의 경우 산업화는 압축 산업화, 압축 성장이었다. 압축성장 또한 분단 상황에 버금가는 한국 정치경제의 특징이라고 할 수 있다. 한국은 20세기 세계에서 가장 경제 성장률이 높은 나라에 속한다. 이에 대해 흔히 고도 성장이라는 용어를 사용한다. 고도 성장과 압축 성장은 실제로 같은 현상을 지칭하는 것이지만, 그 강조점이 서로 다르다고 할 수 있다. 고도 성장은 문자 그대로 가파른, 고속 성장을 의미하지만, 압축 성장은 그것이 '뭉쳐져서 한꺼번에' 일어났다는 의미이다. 따라서 고도 성장이 더 경제사회적인 의미를 가진다면, 압축 성장이라는 용어에는 그것보다는 더 정치적인 의미가 들어있다. 다시 말해, 성장이 압축되어서 나타나다 보니, 그것이 낳는 여러 수준, 여러 종류의 사회정치 문제들도 국가나 사회가 미처 준비하기 전에 한꺼번에 나타났다는 의미이다. 그것이 일정한 정치적 의미를 가지는 바, 여기서는 그것들을 계급 쏠림, 인물 정치와 당파싸움으로 파악한다. 이러한 압축 성장이 한국 정치에서 가지는 의미를 본격적으로 연구한 것은 아직 글쓴이가 대면하지 못하였다. 압축 성장이라는 용어 자체가 수많은 사람들의 입에 오르내리는 일상어처럼 된 것에 비하면 매우 아쉬운 일이라 아니할 수 없다.

이 '압축'이 한국 정치에서 가지는 의미는 다음과 같다.

- 계급 쏠림: 우선, 고도 성장, 압축 성장은 자본주의 발전의 고유한 논리로서 빈부격차를 심화시켰다. 부의 자원은 정치권력의 자원으로 자연히 연결되어 상층계급의 지배를 쉽게 했다. 한국 정치의 보수적 성격을 여기서도 찾을 수 있다. 한편, 압축 성장은 산업화의 '급속성'을 의미하였고 따라서 노동 계급은 숫자가 급속도로 불어났으나 미처 조직이나 계급의식을 갖추기 전에 권위주의 국가의 통제하에 놓이게 되었다. 그런 통제가 다시 노동 계급의 조직화와 계급의식화를 가로막는 악순환을 남겼다.

- 국가에의 힘 쏠림: 산업화의 속도가 매우 빨랐기 때문에 본격 산업화 이전부터, 곧 이승만 정부 시기부터 이미 국가의 통제하에 놓여

있던 노동 계급은 급속한 수적 팽창에도 불구하고 국가에 대항해 싸울 만한 조직력과 결속력을 갖출 수 없었다. 노동에 대한 국가의 통제는 산업화로 인한 노동 계급의 활성화가 이루어지기 전에, 이미 미 군정기부터 확보되어 있었다. 민간사회에 대한 국가의 통제가 정도의 차이는 있으나 산업화의 전 기간에 걸쳐 확보되어 있었다는 사실은, 국가와 재벌 사이에 형성된 일종의 동맹 관계에 기초한 자본주의적 사회 발전이 다른 발전 노선의 도전 없이 꾸준히 지속될 수 있었다는 사실을 의미한다. 실제로 해방 이후 한국 정치가 격동하였지만, 6.25 전쟁으로 보수적 자본주의 정치경제 구조가 확정된 뒤 이를 벗어나는 어떠한 시도도 성공하지 못했고, 또 이러한 변동을 추진할 힘을 갖춘 세력도 없었다. 여기에는 남북한의 대치상황이라는 분단의 요소가 규정한 반공 이데올로기 또한 크게 작용하였다.

그러나 산업화는 그것을 추진한 세력의 의도와는 관계없이 사회 구조의 다변화를 필연적으로 초래하였다. 그중 특히 주목할 만한 것은 노동자, 중간계급, 자본가 계급 모두의 성장과 그들 간의 갈등, 그리고 정치적 영향의 확대였다. 한국 자본주의의 구조가 지배계급의 지배를 심화하고 민중부문을 억압하는 불균형 성장 구조를 가졌기 때문에, 계급세력의 성장에 따라 계급갈등은 점차 심화되어 왔다. 1970년대 이후 한국 사회의 발전 방향을 둘러싼 이념 갈등이 해방 직후에 이어 재등장함으로써 계급 갈등은 심화되었다. 이른바, 노학 연대 또는 통일 전선의 구호가 바로 이러한 현상을 두고 하는 말이다.

국가에 대한 민간사회의 도전은 하층계급과 중간계급뿐 아니라 정도는 약하나마 자본가 계급에서도 나왔다. 특히 경제 영역에서의 국가의 지나친 개입은 재벌의 반발을 불러일으켰고, 국가는 경제에 관한 한 점차 그 역할을 축소해 나가는 단계에 있다고 할 수 있다. 전두환 시절에 이미 이런 현상이 시작되었고, 민주화 이후에는 더 심해졌다. 2010년대인 오늘날 적어도 자본가의 이익이 걸린 사안에서 국가가 자본가보다 더 강한 힘을 지니고 있다고 말할 수 없는 단계가 되었다. 물론 이러한 경제 영역에서의 재벌의 발언권 확대가 정치적 힘으로까지 나타나는 데에는 아직도 상당한 시간이 걸리겠지만, 이미 그 조짐은 보이고 있다.

■ 지역 쏠림: 또 압축 성장은 경제와 정치의 수도권 집중을 가속화시켰고 중앙 집중 정치를 심화시켰다. 1995년부터 시행된 지방 자치 제도도 이를 막지는 못하였다. 지방 분산과 분권을 위한 정치적 노력들이 이후 꾸준히 있었지만 일단 형성된 서울 중심의 사회구조는 오히려 더 심화되었다. 권력과 부의 중심이 그 권력과 부를 확대 재생산하고 여기서 소외된 수도권 이외의 지역, 즉 우리가 흔히 지방이라고 부르는 지역들은 대한민국의 권력과 부에서 차지하는 비중이 줄어들기만 했다. 지역 쏠림은 호남과 비호남의 구도 이상으로 수도권과 지방의 격차를 통한 쏠림 현상으로 나타났다. 노무현 정부가 수도를 서울에서 지금의 세종시로 이전하려고 하자 일어난 수도권 기득세력의 반발과 그 (적어도 절반의) 성공은 수도권 기득세력의 힘을 여지없이 과시한 일이었다. 비주류 정치세력의 힘은 그것을 뚫기에는 한참 모자랐다.

그러나 노무현 정부가 그런 분권과 분산을 시도하고 어느 정도 시행할 수 있었다는 사실 자체는 그동안 심화된 중앙 집중 정치 경제의 폐해를 국민과 정치인들이 어느 정도 인식했다는 사실을 증명하였고, 앞으로의 중앙 집중 구조의 개선에 작은 희망을 안겨주었다고 할 수 있다.

■ 인물 정치와 당파싸움: 압축 성장은 지역 간 불균등 발전을 통해 이루어졌기 때문에 지역 갈등의 한 원인이 되었고, 이는 지역 맹주를 중심으로 한 인물 정치 및 당파싸움과 밀접히 결합하였다. 이승만, 박정희의 권위주의 지배가 인물 정치였다는 점은 말할 필요도 없지만, 이는 사실 우리의 분석틀과는 별 상관없이 정치 후진국 어디서나 나타나는 현상이었다. 따라서 여기서의 관심은 민주화가 일단 달성된 뒤에도 왜 인물 정치가 계속되고 있는가 하는 점일 것이다. 1987년 민주화 이후에도 정치 제도보다는 인물 중심의 정치가 지속된 바, 이 또한 일반적인 정치 후진성이라는 보편적인 요소가 작용하겠지만, 그 못지않게 우리가 제시하는 한국의 특수한 조건들이 작용한 것으로 보인다. 독재 시절의 일인 독재 정치와는 또 다른 민주주의체제 아래에서의 일인 보스 정치와 계파 간 인물 지배 정치가 상당 기간 지속된 것이다. 이러한 인물 정치에 압축 성장이 직접 영향을 주었다고 보기는 어렵겠지만, 경제 성장 과정에서 악화된 지역 간 격차가 지역주의 정치를 심화시키고 이를 이용한 지역 지도자 중심의 인물 정치, 또 그런 도전에 대응하는 또 다른 인물 중심의 지역주의 정

치가 한국 정치의 중심 모습으로 자리 잡았던 것이다. 전라도와 경상도, 혹은 전라도와 비전라도를 대립 축으로 하는 지역적 적대 감정이 조성되었고 이를 반영한 정치적 지역 구도가 형성된 것이다. 이러한 지역감정은 지역 간의 불균등한 산업 발전에 구조적으로 연원을 두고 있기도 하지만, 한편으로는 정치인들의 권력 투쟁의 와중에서 조장된 측면도 컸다. 그 결과 특정 인물 중심의 지역주의 정당들이 정치 과정을 주도하였고, 이에 입각한 당파싸움이 민주화 이후 오랫동안 한국 정치의 특징으로 자리 잡았다. 이러한 당파싸움은 정치 지도력의 부재와 더불어 한국 정치사회의 대표적인 문제로 꼽을 수 있다.

III. 단일사회 문화

1. 단일사회의 성격

글쓴이는 한국을 단일-밀집사회로 규정하고 그것이 초래하는 한국 사회와 한국인들의 사회 문화적 특징을 상세하게 서술한 바 있다(김영명 2005; 김영명 2011). 여기서 그 논의를 자세히 되풀이할 수는 없지만, 간단히 요약하는 것은 필요하다고 본다. 그런데 그 논의에 들어가기 전에 한국 정치 문화에 관한 기존 논의에 대해 간단히 언급해 보자.

한국의 특수한 정치 문화가 어떤 형태로든 한국 정치과정에 영향을 미치리라는 것은 상식에 속한다. 그런데 지금까지 한국에 특유한 정치 문화는 주로 유교 문화로 파악되어 왔다. 유교 문화 전통에서 파생하는 연고주의, 서열주의, 국가중심주의, 집단주의, 가부장주의, 권위주의 등등이 지적되었으며, 동시에 그 문화가 점차 현대적·서구적이고 민주적인 문화 쪽으로 변해왔다는 점도 지적되었다(어수영 2004; 박종민 2008). 이런 점은 물론 사실이다. 유교 문화의 존재와 그 변화는 한국 정치 문화의 중요한 특징으로 볼 수 있다.

그러나 여기에 문제가 있다. 이러한 유교 문화와 그 변화를 한국적 특수성이라고 보는 것은 한계가 있을 수밖에 없다는 말이다. 왜냐하면 유교 문화는 한국뿐 아니라 다른 동아시아 '유교권' 문화에 다 있으며, 더 나아가 유교 문화의 일부라고 지적해 온 연고주의, 가부장주의, 권위주의, 체면 중시 등등 수많은 특징들이 사실상 다른 문화권에도 존재하는 현상들이기 때문이다. 이러한 특징들은 한국에만 있는 것도 아니고 유교권 사회에만 있는 것도 아니다. 그 구체적인 모습은 다르지만 전통 사회에서 근대 사회, 또 탈근대 사회로 넘어가는 변동 사회 어느 곳에서나 존재한다고 볼 수 있다. 다시 말해, 위의 문화적 특징들이 반드시 한국의 '특수성'이라고 할 수 있는지에 대해서 의문을 제기할 수 있다는 말이다. 만약 그렇다고 하려면 그 비슷한 문화적 특징들 속에서 더 세부적으로 한국적인 특징을 집어내어야 할 것이다. 예를 들어 대만의 유교 문화와 한국의 유교 문화가 어떻게 다른지, 또는 브라질의 가부장주의와 구별되는 한국적 가부장주의의 특징은 무엇인지 등에 대한 분석이 있어야 할 것이다. 그러나 이런 정도의 세부적인 비교 연구는 아직 기대하기 어려울 것 같다.[7]

사정이 이런데도 유교 문화를 한국의 고유한 문화인 것처럼 말하고

논의하는 것은 무엇보다도 한국의 정치 문화를 서양의 정치 문화와
구별지으려 하기 때문이다. 서양 것을 표준으로 놓고 그것과 대비되는
현상을 한국의 고유한 것으로 보려는 흔한 오류인데, 이는 매우 서양
중심적이다. 사실 이런 서양 중심적인 생각은 한국론에서만 보이는 것
이 아니고 예컨대 일본론에서도 뚜렷하게 나타났다. 일본론 또는 일본
문화론 역시 서양을 비교 잣대로 놓고 서양과 대비되거나 서양에는
없고 일본에는 있는 특징을 '일본적'이라고 생각해 왔다. 그래서 일본
인은 서양인보다 감성적이라거나 정이 많다거나, 서양 사회는 수평적
인데 일본 사회는 수직적이라거나 하는 논의들이, 일본인이건 서양인
이건 사이에, 한동안 대 유행을 하였다. 이 역시 매우 서양 중심적인
시각이다. 그런데 사람들이 감성적이고 정이 많고 사람 사이의 관계가
수직적이라는 말은 많이 들어본 것 같지 않은가? 바로 한국 사회를
서양 사회와 비교할 때 빠지지 않고 하는 말들이다. 그러면 일본의 특
징이 바로 한국의 특징이 되는데, 두 나라 모두의 특징이 한 나라의
진짜, 고유한 특징이 될 수 있겠는가?

한국이든 일본이든 또 중국이든 비서양 사회의 고유한 특징을 포착
하기 위해서는 이러한 서양 중심적인 사고를 탈피해야 한다. 더구나
서양 사회도 근대 이전에는 지금의 한국이나 일본 사회와 마찬가지로

---

7) 유교 문화는 한국에서 국가우위체제와 가부장적 독재정권의 지배를 쉽게 만들었
다. 현재는 권위주의적 정치 문화가 많이 사라졌지만, 아직도 정치인 내부, 국가
와 시민의 관계에서 존재하며, 이런 가부장적 문화가 일인지배와 인물 정치에
이바지하였다. 즉, 유교 문화는 권위주의 지배를 쉽게 하였고, 민주화 과정과
그 뒤에도 일인 보스 정치의 문화적 바탕을 이루었다. 그러나 이런 특징들은
유교 문화만의 특징도 아니고 한국 정치만의 특징도 아니기 때문에 한국 정치의
특수성으로 간주하기에는 무리가 있다.

감성적이고 정이 많고 수직적이었다. 거꾸로 한국과 일본도 시간이 지날수록 매우 '서양적'으로 변해가고 있다. 이성적이고 정이 없고 수평적인 쪽으로 바뀌어간다는 말이다. 위의 특징 묘사들은 서양 중심적일 뿐 아니라 시대의 흐름을 간과한 묘사라고 할 수 있다. 한국 정치 문화를 서양과 비교하는 것은 서양을 잣대로 놓고 비서양적인 것을 한국적이라고 하는 일반화의 오류를 범할 뿐 아니라, 현대의 서양을 과거의 한국과 비교하는 시대착오의 오류를 범하기도 한다.

이런 점에서 유교적이든 아니면 다른 전근대 문화의 요소이든 위에서 열거한 정치 문화적 요소들이 한국에 고유하거나 특이한 문화라고 볼 수 없는 것은 분명하다. 그래서 이 책에서는 한국에 특이한 정치사회 문화를 다른 데서 찾으려 하는 것이다. 물론 위의 요소들이 한국 정치나 한국 사회에서 중요하지 않다는 말은 아니다. 단지 그것이 한국에만 존재하지 않고 다른 많은 나라들에서도 존재한다는 점을 강조할 뿐이다. 물론 그 세세한 모습들은 나라에 따라 다 다를 것이니, 그 세세한 특징들에 주목한다면 한국적 문화의 특수성을 포착할 수 있을 것이다. 하지만 이 책에서는 다른 점에 주목하고자 하고, 그것을 '단일사회 문화'라고 이름 짓는다.

단일사회라는 용어가 구체적으로 어떤 사회를 가리키는지를 글쓴이의 이전 논의를 간단히 소개함으로써 밝히고자 한다(김영명 2005; 김영명 2011). 앞의 연구들에서 글쓴이는 한국 사회, 문화의 한 중요한 특징으로 단일성과 밀집성을 제시하고, 단일 밀집사회론이라는 용어가 복잡하여 이를 줄여서 '단일사회론'이라고 이름지었다. 단일사회라는 표현은 낯선 표현일 수 있다. 이와 비슷한 표현으로는 '동질사회'가 많이 사용된다. 이 둘은 비슷한 용어이지만, 한국의 경우 단일민족,

단일문화 등의 용어가 많이 사용되기 때문에 이들과 일관성이 있는 '단일사회'가 한국의 특징을 묘사는 데 더 적합한 것으로 보인다. 하지만 독자들 중에는 꼭 이렇게 묻는 사람들이 있다. 단일한 사회가 세상에 어디 있는가? 한 가지 문화만 있고 한 가지 종족만 있고 한 가지 언어와 종교만 있고 사람들이 똑같이 생각하는 그런 사회가 어디 있는가? 이런 질문은 물론 옳다. 하지만 옳은 만큼 의미 없는 질문들이다. 내가 여기서 그런 사회를 말하고 있지 않음은 말할 필요도 없다. 세상에 피가 섞이지 않은 민족은 없고, 외국인이 존재하지 않는 국가는 없고, 방언이나 다언어가 존재하지 않는 곳이 없다. 단일 종교 사회는 있을지 모르나 거기도 아주 소수의 이교도는 있을 것이다. 그렇지 않은 사회를 상정할 바보는 세상에 없다.

내가 여기서 강조하고자 하는 것은 한국의 국가 구성원들은 (북한은 더 그렇지만) 지구상에서 언어, 민족, 문화, 역사적으로 가장 동질성이 강한 경우에 속한다는 사실이다. 그 사실은 굳이 수치를 가지고 증명하지 않아도 알 수 있는 상식에 속한다. 일본을 동질사회라고 묘사하는 것에 대해 일본에는 아이누도 존재하고 오키나와도 있고 재일 한국인들도 있는데 무슨 동질사회인가 하고 반론을 제기하는 경우가 많다. 그 반론도 일리가 있지만, 일본을 굳이 동질사회가 아니라고 하는 주장도 문제가 있다. 일본에는 이질적인 요소가 꽤 존재하지만, 그래도 일본 사회의 중심은 일본 민족으로 이루어진 주류 사회이고 소수 민족이나 소수 문화는 지엽적이다. 이 사실을 인정하면 일본이 동질사회라고 불러서 안 될 까닭은 없다. 세계의 여러 다른 나라들과 비교하면 상대적으로 상당히 동질적인 사회인 것은 분명하다. 어디까지나 상대적인 개념인 것이다.

또 하나 동질사회론이나 단일사회론에 대한 반감은 그것이 하나의 이데올로기로 작용하여 소수 민족 등 소수자들을 억압하는 역할을 할 수 있다는 점이다. 물론 그럴 가능성이 있다. 그러나 그것은 어떤 이론이나 개념을 어떻게 사용하느냐의 문제인 바, 그러한 정치적·이념적 오용의 가능성 때문에 사실 묘사 자체를 부인할 수는 없다. 동질사회론이 소수자를 억압할 수 있기 때문에 우리가 동질사회론을 인정해서는 안 된다라는 주장은 그 자체가 매우 정치적이고 이념적이다. 과학적이거나 학술적이 아니라는 말이다. 그렇지만 어쨌든 동질사회론을 주장하는 사람들은 그것을 비판하는 사람들에 비해 동질성에 대해 호의를 보이고 이질성에 반감을 나타내는 경우가 많을 것이다. 그 반대의 경우도 마찬가지이다. 그러면 이 둘 중 어느 것이 더 옳거나 바람직한 경우인가? 동질사회 옹호와 동질사회 비판 중 말이다. 그것은 각자의 가치관과 그야말로 '이데올로기'에 달려 있다. 물론 어느 쪽의 생각이든 그런 생각 자체가 이데올로기인 것은 아니다. 나는 어느 쪽을 선호하든 그것은 개인의 자유이지만, 어쨌든 그것이 이데올로기가 되면 안 된다고 생각한다.

그러면 글쓴이의 생각은 어떠한가? 독자들이 궁금해 할 것 같아서 미리 밝힌다. 나는 한국이 단일사회라고 생각하고 한국이 단일사회인 점에 장단점이 다 있다고 생각한다. 그 장단점을 밝히는 것이 사실 이 책의 한 목적이기도 한다. 그런데 다음의 둘 중 하나를 택하라고 한다면 나는 어떻게 하겠는가? 즉 한국이 단일사회로 머무르는 것과 그 반대인 복합사회 또는 요즘 유행하는 말로 다문화사회로 바뀌는 것 가운데 말이다. 나는 단일사회로 머무르는 것이 우리에게 더 이익이라고 생각한다. 그것은 단일사회와 복합사회의 본래적인 장단점을 비교

해서가 아니다. 어느 것이 우월한지는 따지기 어렵다. 더구나 단일사
회 또는 동질사회가 전 세계에 몇 개 안 되기 때문에 우열의 비교 자체
가 어렵다. 한국이 단일사회로 머무르는 것이 더 이익이라고 내가 생
각하는 까닭은 한국이 단일사회에서 복합사회로 바뀌면 그 과정에서
겪지 않아도 될 혼란과 갈등을 많이 겪게 될 것이기 때문이다. 프랑스
나 독일이 다문화사회로 바뀌면서 인종 갈등, 계급 갈등 등 사회적 혼
란을 크게 겪고 있다. 한국은 그것을 교훈삼아 할 수만 있다면 그 길을
안 가는 것이 좋다.

그러나 세계의 조류가 다문화사회로 가는 것이고 한국의 노동 시장
등 여러 여건으로 볼 때 다민족사회가 되는 것은 불가피하다는 주장
을, 특히 다문화론자들이 많이 한다. 이 책에서 그 논의를 하고 싶지는
않다. 이는 별도의 논문에서 다룬 바 있다(김영명 2013b). 이에 대한
내 주장을 요약하면, 다문화사회 불가피론은 과장된 것이고, 그것 역
시 정책 선택의 문제이지 불가피한 조류가 아니라는 점이다. 한국의
추종자들이 생각하는 것과는 달리 다문화주의는 그것을 추구한 서양
선진국들에서 현실적인 한계에 부닥쳤을 뿐 아니라 이론적으로도 퇴
조하고 있다. 현실적인 한계는 역시 인종 갈등, 계급 갈등 등 사회 분
열 때문이다. 이론적인 퇴조는 다문화주의의 개념이 모호하고 다문화
에 대한 규범적 정당화에 논리 비약이 심한 것이 주요 원인이라고 한
다(설한 2014). 물론 이는 다문화사회를 어떻게 정의하느냐의 문제와
도 맞물린다. 이는 결론 부분에서 다시 언급하겠다.

내가 단일사회론에 처음 착안한 2000년대 초반 즈음에는 한국에서
세계화 담론이 기승을 부렸고 다문화 담론은 막 시작할 때쯤이었다.
당시 나는 다문화론의 대두를 잘 알지도 못하였고 관심도 없었다. 그

러나 세계화를 추종하고 한국 민족주의를 폄하하는 조류는 익히 알았기에 이를 비판하기 위해 민족주의와 세계화론에 대한 책을 2002년에 출간하였다(김영명 2002). 뒤이어 2005년에 단일사회론 책을 내었다. 한국 정체성과 민족주의에 대한 비판이라는 점에서 세계화론을 이어받은 다문화론은 한국의 단일사회적 성격을 부인하거나 비판하고 다문화사회의 세계적 조류에 동참해야 한다는 식의 논리를 편다. 처음에 내가 단일사회론을 만들었을 때는 거의 순수하게 묘사적·서술적·분석적인 의도만 있었는데, 상황이 이렇게 되고 보니 단일사회가 나쁜 것이 아니고 다문화론이 과장되거나 궤도를 이탈했다는 주장을 곁들이지 않을 수 없게 되었다. 원하지 않았던 규범적인 주장이 다른 규범적인 주장들 때문에 나오게 된 셈이다. 더 이상의 자세한 논의는 위에서 제시한 내 글들을 참고해 주기 바란다.

그러면 여기서 말하는 단일성과 밀집성은 구체적으로 한국에서 어떤 모습을 띠고 있는가? 먼저 말해 둘 것은 이 두 요소 역시 한국에만 존재하는 특징들은 아니라는 사실이다. 그러나 이 두 요소가 동시에 존재하는 지역은, 적어도 세계에서 주목할 만한 크기의 나라들 중에서는 없다. 이런 점에서 이 모습은 유교 문화나 이와 관련된 동아시아 또는 전근대 사회적 문화의 모습보다 훨씬 더 한국의 고유성, 특수성에 가까운 문화적 특징이라고 할 수 있다. 그중에서도 단일성이 밀집성보다 한국 정치에서 가지는 의미가 훨씬 더 중요하다.

이 두 특징들에 대해 간단히 소개하면 다음과 같다.

1) 먼저 단일성에 대하여 — 한국인의 단일성은 과거부터 현재에까지 이어지는 특이한 조건이다. 한국의 단일성은 여러 가지 측면에서

나타난다. 우선 한국이 '1민족 사회'라는 점을 들 수 있다. 한국처럼 하나의 민족으로 구성되어 있는 나라는 보기 어렵다. 다른 민족이 1% 도 존재하지 않고 하나의 민족으로 국가가 구성된 것은 한민족으로 구성된 대한민국과 조선인민민주공화국 외에 거의 없다. 동질성의 신 화를 내세우는 일본도 한국인, 중국인 등 외국인과 아이누, 오키나와 종족이 섞여 이민족이 3%는 존재한다. 인구의 99.9% 이상이 하나의 민족으로 이루어진 국가는 한국과 북한뿐이다. 외국인이 아닌 '국민'을 말한다. 아이슬란드가 후보일지 모르겠다. 하지만 거기 인구는 100만 명도 안 된다. 그 다음이 레소토 99.7%, 모로코 99.1% 등의 순이다. 또 그리스 98%, 폴란드 96.7% 등이다(이완범 2006, 63). 민족 구성이 그렇다 보니 한국의 역사와 문화 역시 단일하다. 여러 개의 서로 다른 비중 있는 이민족 문화 집단들이 공존하지 않는다는 의미에서 그렇다.

그런데 여기서 '한국인이 단일민족'임을 부인하는 최근의 일부 동향 에 대해 언급할 필요가 있다. 물론 한민족도 다른 민족과 마찬가지로 몇 개의 종족들이 섞여서 구성되었을 것이다. 그러나 그렇다고 해서 한민족을 하나의 민족이 아니라고 할 수는 없다. 한국 민족이 하나의 민족이 아니라고 하는 주장은 생물학적 인종과 사회문화적 민족을 혼 동하였거나, 아니면 단일민족 이데올로기의 배타적이고 폐쇄적인 측 면을 비판하려는 의도에서 나온 과도한 주장이다.

그런데 그 점을 떠나서, 무엇보다 한민족이 단일민족이냐 아니냐 하 는 논쟁은 헛된 논쟁일 뿐이다. 왜냐하면 단일민족이라는 용어 자체가 잘못되었기 때문이다. 단일민족이라는 말은 어법상 그 자체가 성립할 수 없다. 하나의 민족이 존재한다면 그것은 당연히 단일한, 즉 하나의 민족이지 두 개의 민족 세 개의 민족이 하나의 민족이 될 수는 없기 때문이다. 한 인간이 존재하면 그것으로 당연히 단일한 인간 즉 단일 인간이 되는 것이지 복수 인간을 상정하여 그것과 대비되는 단수 인간, 단일 인간을 얘기할 수 없는 것과 마찬가지다. 해리성 인격 장애 즉 다중인격자가 있을 수 있지만 그 역시 하나의 몸체 안에 있다는 의미에서 단일 인간인 점은 변함없다. 단일 인간의 여러 모습인 것이다.

만약 단일민족이라는 말이 단군 이래 이어져 온 하나의 혈통 곧 '단일혈통'을 의미한다면 그렇게 불러야 한다. 그러면 한민족이 단일혈통으로 이루어져 왔는가? 아마 아닐 것이다. 이것은 전문가들에게 맡기자. 전문가의 판정을 받지 않더라도 우리 모두가 단군의 자손이라거나 한 핏줄이라는 말은 수사로는 성립하나 과학으로는 성립할 수 없을 것이다. 전쟁 등을 통한 단편적인 피 섞임은 논외로 하고 대규모 피 섞임이 여러 차례 일어났을 가능성이 크다. 한민족이 단일혈통이라는 주장은 사실과 다르므로 어리석다. 동시에 한민족이 단일민족이 아니라고 하는 주장은 용어 자체가 성립하지 않으므로 어리석다.

어쨌든 한민족이 "단일민족이 아니다."라고 하는 주장은 오랫동안 이루어져 온 한민족의 종족적 섞임을 그 근거로 든다. 그러나 이런 주장은 논리적으로 틀렸다. 하나의 민족이 구성되는 과정에서 여러 종족이나 인종, 민족들이 섞이는 것은 당연한 일이다. 우리 민족인 한민족이 어떤 과정을 거쳐 어떻게 형성되어 왔는지는 글쓴이의 관심 밖이고 이를 캐는 것은 능력 밖이다. 민족 형성 과정에서 아무리 많은 혈통이 섞였더라도 일단 하나의 민족이 형성되었으면 그것은 하나의 '단일'한 민족이다. 민족은 오랜 기간에 걸쳐 공통의 역사를 지니고 같은 문화를 공유한 사회·문화적 공동체다.

중요한 사실은 한민족은 아무리 피 섞임이 많았다고 하더라도 하나의 정치·문화적 민족으로 성립하였다는 사실이다. 그리고 대한민국은 민족 구성상 한민족 하나만 존재한다는 사실이다. 민족 집단을 말하는 것이다. 극소수 귀화 개인들의 존재는 그 사실을 바꿀 수 없다. 그래서 한국은 하나의 민족으로 구성된 '단일민족 국가' 곧 1민족 국가이다. 우리가 단일민족 이데올로기(이 역시 잘못된 표현이다. 제대로 된 표현이 되려면 '단일민족 국가 이데올로기'가 되어야 할 것이다.)를 고수하는 것은 이득될 것이 별로 없다고 본다. 다시 말해, 단일민족 국가의 우월성을 내세워 타민족에게 배타적이 되는 것은 바람직하지 않다. 그러나 거꾸로 마치 다민족 국가가 1민족 국가보다 우월한 양 오도하는 다문화사회론도 받아들이기 어렵다. 최근에 나온 다문화사회론들 중에서는 마치 한국이 1민족 사회라서 무언가 잘못되었고 선진국들이 다민족사회이니 그쪽으로 가는 것이 바람직하다는 투의 주장을 펴는 것들이 많다. 노골적으로는 아니지만 언술들의 방향이 그런 쪽임을 부인하지는 못하리라.

민족적 단일성뿐 아니라 한국 사회는 '문화적 단일성'도 두드러진다. 적어도 천 년 이상 하나의 민족으로 하나의 역사를 공유하여 왔으며, 민족사의 영토도 그다지 크게 달라지지 않았기 때문에, 한국은 문화와 언어, 관습, 전통에서 단일한 문화권을 형성했다. 물론 세계의 여러 다양한 문화가 들어와 있다는 의미에서 한국은 이미 예전부터 '다문화사회'였다(임형백 2012b). 현대 한국인들은 전통 문화와 서구 문화가 섞인 다문화인이라고 할 수 있다. 그러나 다문화라는 말은 이런 의미에서는 잘 사용하지 않는다. 여기서 말하는 다문화사회는 여러 개의 '별개' 문화 '집단'(특히 민족 집단)들이 사회적 비중을 가지는 경우를 말한다. 이런 점에서 보면 한국은 여전히 강력한 단일문화사회이다.

한국에 다양한 문화가 들어와 있지만 그 다양한 문화들은 전체 한국인들에게 비교적 비슷하게 섞여 있어서 개인별로 그 다양한 문화 섞임의 편차가 크지 않다는 말이다.

또 한국은 땅덩이가 좁을 뿐 아니라 자연 조건이 다양하지 않고 단일하다. 어디를 가나 뒷동산과 앞 냇물로 이루어져 있는 같은 모습이다. 아름다운 풍경이기는 하나 산수의 다양성이 없다. 백두산 부근을 제외하고는 높은 산이라고 해야 높이가 2,000미터가 채 되지 않으며, 거대한 강이나 평원이나 사막도 없다. 땅의 모습이 단일할 뿐 아니라 기후 또한 단일하다. 한반도가 남북으로 길게 뻗어 있어 가장 남쪽과 북쪽의 기온 차가 상당히 나기는 하나, 제주도를 제외하면 그렇게 다른 기후 조건이라고 할 수도 없다. 네 계절의 구분이 뚜렷하여 연교차가 큰 편이지만, 이런 기온 조건이 한반도 전역에서 동일하다. 따라서 다른 기후나 풍토에 따른 사람들의 심성 차이는 없다고 할 수 있다. 이런 점에서도 한국과 한국 사람들은 단일하다.

이러한 1민족 공동체라는 객관적 사실에 덧붙여 강대국에 둘러싸인 지정학적인 위치와 이로 인해 수없이 침략당한 경험이 한민족의 정체성과 성격 형성에 큰 영향을 주었다. 민족적·문화적 단일성에 덧붙여 지정학적 위치가 민족 정서를 강하게 만들었다.[8] 현대에 와서는 미국과 소련에 의한 민족의 이념적 분단과 미국의 지배로 자본주의, 반공주의, 우익 자유민주주의 이념이 한국 사회를 지배했다. 해방 직후를

---

8) 그러나 이는 비주류 엘리트나 대중의 경우에 주로 나타난 특징이었고, 주류 지배층은 오히려 강대국에 순응하여 민족주의보다는 사대주의에 의존했다. 민족 정서는 체계적인 민족'주의'로 발전하지 못했다(김영명 2002).

제외하고는 진보나 좌파 이념들은 1980년대 중후반까지 나타나지도 않았다. 지금의 상황을 봐도 좌파 이념의 정치·사회적 힘은 여전히 미약하다. 다른 나라에 비해 한국의 이념 지형은 보수, 우파로 편중되어 있다. 이런 나라도 많지 않다. 현대의 이념적 단일성은 직접적으로는 남한의 분단 상황에 기인하지만, 민족적 단일성도 그것을 강화하는 데 한몫을 했다.

2) 한편, '밀집성'의 요소도 한국 사회를 설명하기 위해 단일성에 버금가게 중요하다. 그런데 밀집성은 단일성과는 달리 한국에서 최근에 두드러진 현상이다. 그 구체적인 모습을 보자면, 우선 한국의 인구밀도는 세계 최고 수준이다. 그중에서도 산악지방이나 기타 사람이 살수 없는 지역을 뺀 지역의 인구밀도는 세계 최고 수준이다. 더구나 수도권 인구 집중률은 단연 세계 최고다. 특히 서울이 한국 전체에서 가지는 비중은 세계 어느 나라의 수도와 비교해도 막강하다. 한국은 전체적인 인구밀도가 높을 뿐 아니라 중앙 집중의 특징을 지니기 때문에 주류 한국 사회의 밀집도는 전체 인구밀도보다 훨씬 더 높다고 할 수 있다. 이러한 밀집성은 현대 사회에 들어서면서, 특히 급격한 도시화가 진행되면서 한국과 한국인의 특징을 규정하는 중요한 요소로 자리 잡았다. 이러한 밀집된 국가 환경이 한국 사람들의 특징적인 행동 양태를 불러일으킨 것으로 보인다.

밀집사회의 특징은 일반적으로 대도시의 특징과 비슷하다고 생각하면 되는데, 이를 생각나는 대로 간추리면 다음과 같다. (1) 많은 사람들이 좁은 데서 살다 보니 사람들 사이에 부대끼는 긴장이 높다. (2) 그래서 사고와 행동이 극단적으로 되기 쉽다. (3) 또 사람들의 행동이 폭발적으로 분출하는 경향이 있다. 좋게 보면 사회의 역동성이 높아지기 쉽기도 하다. (4) 사람들 사이의 경쟁성이 높아지기 쉽다. (5) 또 사람들이 빨리빨리 움직이고 조급해지기 쉽다. 그래서 전체적으로 보면 밀집된 사회에서는 사람들이 여유가 없고 느긋하지 않으며 조급하거나 빠르고 경쟁적이고 극단으로 흐르기 쉽다고 할 수 있다. 이런 밀집성의 조건들이 단일사회적인 요소들과 상승작용하여 한국인 특유의 행동 양태와 사회 구조를 만들어내었고, 더 나아가 한국의 특징적인 정치 문화도 산출하였다는 것이 이 책의 핵심을 이루는 관찰이다.[9]

2. 단일사회 문화와 한국 정치의 독특한 현상

단일사회론에 이어 글쓴이는 이를 조금 수정하여 한국 '정치'에 적용한 논문을 발표하였다(김영명 2007). 여기서는 단일사회적 조건들이 한국 정치에 '획일성과 당파싸움, 집중성, 응집성, 안정성'을 유발한다고 보았다. 단일사회적인 조건들 때문에 한국 정치는 다른 나라에 비해 이념이나 문화 등이 비교적 획일적이고, 권력 집중, 수도권 집중의 현상을 보이며, 국민들의 단결력이나 응집성이 강하고, 또 변동 사회

---

9) 한국 사회의 밀집성에 대해서는 누구나 인식하고 있지만 이를 학문 분석의 대상으로 삼은 것은 매우 드물다. 글쓴이 외에 강준만 교수가 이에 주목한다(강준만 2013). 그는 한국이 "사회문화적 동질성이 강한 일극 중심 체제"로서 "고밀도 커뮤니케이션"의 특징을 보인다고 한다. 그 결과 나타나는 한국 사회의 특징으로 이웃 효과의 극대화, 빨리빨리의 생활화, 인맥 사회의 강화, 신드롬의 양산, 대규모 시위의 빈발을 들고 있다. 이 책의 논의와 일맥상통하며, 특히 김영명 (2005), 김영명(2011)의 논지와 비슷하다.

치고는 정치가 비교적 안정되었다는 점을 서술하였다. 단일사회론과 이를 정치에 적용한 단일사회 정치론의 차이점이라면, 정치론에서는 사회론에서 강조하지 않았던 응집성과 안정성의 요소를 강조했다는 점이다.[10]

이 책은 위의 논의를 이어받으면서 정서적 휩쓸림의 요소를 추가하였고, 획일성이라는 용어를 쏠림이라는 용어로 바꾸었다. 휩쓸림과 쏠림이 언어상 일종의 대귀를 이루는 효과를 꾀하기도 하였다. 이러한 모습들을 간단히 요약해 보자.

- 이념·지역 쏠림: 우선, 단일사회적 특징은 조선조의 주자학 지배와 한국의 반공 이념과 보수 이념 팽배의 사회적 조건을 제공하였다. 한국은 민족, 종족, 언어, 문화가 다양하지 않으니 정치이념이나 정치세력도 다양해지기 어렵고, 하나의 지배적인 이념이 계속 지배, 통제하기가 쉽다. 한국 사회에서 두드러지는 지역 집중, 특히 수도권 집중 역시 이런 구조적 조건에 기인한다. 권력의 중앙 집중은 조선조부터 이어져 온 전통이지만, 고도 성장기 이후에는 여기에 부와 지위의 집중까지 덧붙여져 더 심화되었다.

- 당파싸움과 인물 정치: 한국 사회가 이념적으로 쏠려 있다 보니 한국

---

10) 하지만 응집성, 안정성의 두 요소가 단일사회론에서 등장하지 않았던 것은 아니고 단지 핵심 개념으로 자리 잡지 않고 간간이 서술되었을 따름이었다.

의 정치 균열 역시 이념이나 정책 경쟁을 통해서가 아니라 당파 싸움과 인물 정치를 통해 나타난다. 물론 단일사회적 조건이 당 파싸움과 인물 정치의 가장 중요한 원인이라고 할 수는 없지만, 이런 식으로 간접적이나 중요한 영향을 미친다고 할 수 있다.

■ 정서적 휩쓸림: 이 또한 역시 단일사회적 조건 때문에 강화된다. 한 국은 1민족 사회, 단일문화사회이고, 동시에 집중화된 사회, 밀 집사회이다 보니 공동체적인 정서적 휩쓸림에 빠지기 쉽고, 이 것이 다른 한편으로는 국민적 단결심을 유발하고 역동적 변화도 더 쉽게 만든다. 지금 한국 사회의 두드러진 특징 중 하나로 보 이는 인터넷 문화의 확산 역시 정서적 휩쓸림과 밀접히 연관되 는데, 이 또한 단일사회적 조건과 작고 밀집된 사회라는 조건의 영향을 크게 받는 것으로 보인다.

■ 응집성: 하나의 민족과 동질적인 문화로 구성된 한국의 단일사회적 조건은 자연히 구성원들 사이의 응집성을 높이는 결과를 가져 온다. 한국 국민들은 이념이나 정책 선호 등에서 많은 차이를 보이고 정치권이 파당적 행태를 보일지라도 기본적으로 응집성 이 강한 면모를 가지고 있고, 이런 면모가 특히 정치·경제적 위 기상황에서 발휘되고는 한다. 대표적인 보기가 산업화 과정에서 의 응집된 모습, 외환 위기 시의 단합된 모습, 정치와는 거리가 있지만 2002년 월드컵 응원 열기 등에서 나타난다.

■ 안정성: 단일사회적인 응집성과 쏠림 현상은 한국 정치제제의 안정
성을 보장하였다고도 할 수 있다. 이념 쏠림은 보수 이념의 지배
와 급진 이념의 약세를 의미하고, 이는 체제의 안정성에 기여한
다. 종족, 종교, 이념 등 원초적 조건에 기초한 정치 갈등이 없는
현실 역시 한국 정치의 중앙집권과 안정성에 기여한다. 물론 한
국에는 다양한 원인에서 발생하는 정치 갈등이 많지만, 그 숱한
정치 갈등에도 불구하고 한국의 기본적인 정치경제체제에 대한
근본적인 도전은 없었다. 체제의 상대적인 안정성이다.

이상에서 한국 정치의 특수한 조건들과 현상들 사이에 나타나는 일
종의 상관 관계에 대해 간단히 서술하였는데, 이와는 달리 그 '조건들
사이의 상호관계'도 상정해 볼 수 있다. 예컨대, 분단 상황이 남북한체
제 경쟁을 부추겨 국가 주도의 압축 성장(고속 성장)의 계기를 마련했
다든가 또는 단일사회적 문화가 국민들의 단결력을 강화하여 압축 성
장의 추동력을 제공했다는 등의 상관관계를 말한다. 그러나 이 문제는
이 책의 핵심은 아니므로 여기서는 자세히 추적하지 않으려고 한다.

앞으로 이어지는 제3장과 제4장에서는 이러한 세 조건들이 유발하
는 한국 정치의 특징적인 현상들, 즉 쏠림과 휩쓸림, 인물 정치와 당파
싸움, 그리고 응집성과 안정성에 대해 조금 더 구체적으로 살펴보기로
한다.

〔 제3장 〕

쏠림과 휩쓸림:
한국 정치의 특징적 현상들(1)

제3장 쏠림과 휩쓸림: 한국 정치의 특징적 현상들(1)

쏠림과 휩쓸림은 어감상 비슷한 계열에 속하므로 하나의 장으로 같이 묶었다. 또 쏠림 현상이 휩쓸림을 유발하기도 하므로 하나의 장으로 묶는 데 논리적인 까닭도 존재한다고 볼 수 있다. 쏠림은 이념, 권력, 지역, 계급상의 쏠림으로 나타난다. 휩쓸림은 이성적이 아니라 감성적인 것으로서 대중뿐 아니라 엘리트 사이에서도 나타난다.

I. 이념, 권력, 지역, 계급의 쏠림

1. 이념 쏠림

한국 정치의 이념 지형이 보수 쪽으로 크게 기울어져 있다는 사실을 부인할 사람은 많지 않을 것이다. 물론 최근 들어 진보나 중도 이념이 성장하기는 하였으나, 여전히 보수 이념이 우세하다고 볼 수 있다(이현출 2005). 이에 덧붙여 또 하나 고려해야 할 사항은 한국에서 좌파나 진보 이념으로 치부하는 것 중에서 상당 부분이 세계 기준으로 보면 중도이거나 오히려 우파 쪽에 가깝다고 할 수 있다는 점이다.

한국 제도권 정치에서 가장 왼쪽에 있는 이전의 민주노동당이나 지금 정의당의 강령이 자본주의체제를 부정하지 않는, 유럽의 사회민주주의 정도에 해당하는 것을 보면 잘 알 수 있다. 유럽이나 남미에서는 공산당이나 그와 비슷한 좌파 정당들이 소수이나마 제도권에서 활약하고 있다. 일본에서조차 미약하나마 공산당이 활약한다. 미국의 민주당도 한국의 새정치민주연합보다는 더 진보적이다. 이렇게 보면 한국 정치의 보수 지배는 세계 어느 나라의 정치에 비해서도 강력하다. 이렇게 된 사정에는 '분단' 상황으로 인한 북한과의 대치, 한미 동맹을 통한 미국에 대한 군사·문화적 의존, 보수적 독재 국가의 지배권 지속 등이 작용하였다. 또 '압축 성장'의 영향으로는 국가가 선도한 경제 성장이 급속도로 일어나다 보니 노동 계급의 조직화나 이념화가 미처 진행되지 못했던 점, 또 경제 성장을 통해 보수적 국가가 이념적 정당성을 부분 획득했던 점 등을 들 수 있다. '단일사회'적 요인으로는 전통적인 문화적·이념적·민족적 단일성이 이념의 획일화를 부추겼던 점을 들 수 있다.

이념적 쏠림 현상은 군부독재와 독재 정권이 주도한 국가적 동원을 쉽게 만들었다. 한국의 유신체제는 혹독한 탄압체제였지만 이에 대한 국민의 저항은 예컨대 남미의 독재 시절에 비해 비교적 작은 편이었다. 그 이유로는 분단 상황의 압박과 국가의 강압력 및 경제 업적을 들 수 있지만, 다른 한편 단일사회의 속성인 획일적인 문화가 한국 사회에 팽배했기 때문이기도 했다. 국가가 새마을운동, 반공궐기대회 등을 통해 국민들을 동원할 수 있었던 것은 한국의 사회 구조가 단일하고 국민의식이 획일적이었던 점이 큰 작용을 하였다. 또 같은 조건이 다수 국민들로 하여금 대체로 독재에 순응하도록 만들었다. 이런 군중 동원과 사회적 통제를 위해 정부는 충효사상을 강조하는 등 전통적인 유교 문화를 이용하기도 하였다. 이렇게 보면 한국인의 응집성과 획일성, 그리고 사회정치적 억압은 매우 밀접하게 연결되어 있다는 점을 알 수 있다. 물론 같은 조건이 반대로 민주화 투쟁의 동력으로 작용하기도 하였다. 한국인의 응집성과 획일성은 독재의 힘이 되기도 하고 거꾸로 민주화의 추동력이 되기도 했다.

그런데 이러한 이념적 쏠림은 현대의 특징만은 아니다. 그것이 역사적으로 가장 잘 나타난 것은 아마 조선조 5백 년을 지배한 유학의 획일성이라고 할 수 있을 것이다. 조선조를 지배한 이념은 오로지 주자의 가르침인 성리학 한 가지였다. 다른 모든 것은 이른바 사문난적으로 배척받고 심지어 죽음을 가져왔다. 조선조의 이념적 경직성은 일종의 종교적 근본주의로 볼 수 있는 것이었다. 퇴계와 율곡을 중심으로 이기 논쟁이 있었다고는 하나, 그것은 주자의 가르침 안에서 일어난 논쟁일 뿐이었다. 조선의 획일적인 지적·정치적 풍토는 유학이 아닌 다른 학문이나 사상 체계를 허용하지 않은 것은 물론이고, 유학 안에서도 오로지 주자의 학문만을 인정하는 편협하고 획일적인 모습을 보였다.

이렇게 된 데에는 많은 이유가 있겠지만, 당시 뿌리 깊었던 모화 사상이 으뜸 원인이었을 것이다. 그렇다면 왜 우리는 그렇게 모화 사상에 젖었을까? 우선 생각할 수 있는 까닭은 우리나라가 거대한 중화 문명의 끝자락에 붙은 조그만 나라였기 때문이었다. 거대한 선진 문화에 압도된 우리 조상들은 이에 대한 숭배 사상을 저도 모르게 품게 되었을 것이다. 그러나 그렇다고 하더라도 그 정도가 그렇게 심했던 것은 그것만으로는 설명이 부족한 것 같다. 우리가 심지어 '소중화'라고까지 자처해가면서 중화의 명나라가 망하고 만주족의 청나라가 득세한 현실에도 눈감은 채 극단적인 중화주의에 빠진 것에는 또 다른 이유가 있어 보인다. 거기에는 우리 사회가 단일사회였고 집중화된 사회였다는 사실도 크게 작용했다. 모화사상과 성리학적 획일성이 극단으로까지 간 것에는, 정통과 다른 것을 체질적으로 거부한 조선 사회의 단일성이 크게 작용한 것이다.

조선조의 이념적 경직성은 정도의 차이가 있을지 모르나 현대 한국에도 이어지고 있다. 이념 정치가 일상화한 유럽이나 중남미와 비교해서는 물론이고, 미국이나 심지어 일본과 비교해서도 이념의 폭이 좁다. 이슬람 근본주의 국가나 몇 안 남은 사회주의 국가를 제외하고는 아마 한국의 이념적 폭이 세계에서 가장 좁을지도 모른다. 이렇게 정치 이념이 다양하지 못한 것은 무엇보다도 남북한 분단 때문에 국가와 국민 모두가 다양한 이념을 허용하지 않았기 때문이다. 해방 직후에 활발하게 활동했던 공산주의 세력은 미 군정 첫해에 이미 거세되기 시작했고, 6.25 전쟁으로 공산주의에 대한 국민들의 반감은 극에 달했다. 이승만 대통령은 정적이었던 진보당의 조봉암 당수를 공산주의자로, 또 북한 간첩으로 몰아서 사형시켰다. 이후 1961년 쿠데타로 집권한 군사 정권은 '혁명 공약'에서 반공을 '국시의 제1의'로 한다고 선언하였다. 그 뒤로 다 아는 바와 같이 우리나라에서 빨갱이로 낙인 찍히는 것은 목숨이 왔다 갔다 하는 치명적인 일이 되어버렸다. 정치 이념의 폭은 좁을 수밖에 없게 되었다. 아마 세계에서 가장 오랫동안 가장 지독하게 반공적인 나라가 대한민국일 것이다. 이러한 이념적 획일성의 일차적인 원인은 분단 상황이지만, 옛날 성리학의 경우처럼 주류와 다른 것을 허용하지 않는 민족적 단일성과 작은 나라의 집중화된 구조도 중요한 요인으로 작용하는 것으로 보인다.

물론 한국의 정치 이념이 언제나 보수 지배였던 것은 아니다. 일제 강점기에 서양과 일본에서 도입된 사회주의, 공산주의, 무정부주의 등 각종 급진 이념들이 독립 운동의 한 근간이 되었다. 일제의 탄압으로 이러한 투쟁들이 지하로 잠적하였지만, 해방이 되자 온건·급진을 막론하고 좌파 세력들이 정치적인 중심에 섰다. 이들은 해방 직후 남한 정세를 주도했을 뿐 아니라 미 군정의 탄압을 받으면서도 해방 첫해와 둘째 해 상반기까지 남한 정국에서 커다란 세력을 과시하였다. 이후 38선 분단이 고착화되면서 남한에서 입지를 잃게 되고, 이윽고 남북한 단정 수립으로 분단이 고착화되자 세력을 잃게 되었다. 그동안 남한에서 일어났던 좌우파 투쟁은 세계 어느 곳에 비해서도 격렬하였다고 할 수 있다. 그러나 북한을 소련이 지배하고 남한에 미군이 진주한 상황에서, 한반도는 잘 아는 바와 같이 동서 냉전의 최전선이 될 수밖에 없었고 이후 남한에서 좌파는 탄압받고 우파가 득세할 수밖에 없었다.

이런 상황이 6.25 전쟁으로 더 고착화되었고, 이후 남북한 정부들은 오랫동안 대화 없이 대결로만 치달았다.

1971년 박정희의 남북적십자회담 제의로 시작된 남북 대화도 남한에서의 이념적 경직성과 반공 의식을 크게 약화시키지는 못했다. 군사 정권이 쿠데타 성공 후 '혁명 공약'의 제1조로 '반공을 국시의 제1의'로 한다고 선언한 것은 그만큼 남북한 대치 상황이 심각하였고 북한의 국력이 앞선 상황에서 대한민국의 정치경제체제에 위기감을 가진 증거였다고 할 수 있다. 박정희는 1972년 유신체제를 선포함으로써 잠시 동안 이어지던 남북 대화의 토대를 무너뜨렸다. 유신체제 선포는 삼선 개헌으로 3번째 집권한 박정희의 권력 연장을 위한 최후의 수단으로 이루어졌지만, 그것은 동시에 남북한 사이의 관계를 냉각시키기에 충분했다. 북한도 같은 해에 주석 자리를 신설하고 김일성 개인 권력을 강화한 사회주의 헌법을 공포함으로써 남북한의 독재체제가 굳어지고 대결체제로 다시 돌입하였다.

이후 국제 상황도 동서 화해의 데탕트로 접어들고 남북한 사이에도 대화와 인적·물적 교류가 시작되었으나, 남한의 반공적 보수 이념 지배는 본질적으로는 변하지 않았다. 한국에서 북한과의 교류나 통일을 주장하는 사람들은 용공세력으로 낙인 찍혀 고초를 받기 일쑤였다. 이런 상황은 유신 시절에 가장 심하였으나 이후 이어진 전두환 정권하에서도 상황은 비슷하였다. 반공법, 국가보안법 등이 법적인 토대를 이루었다.

민주화된 지금도 군사 독재 시절보다는 많이 완화되었다고는 하나 공산주의나 좌파에 대한 거부반응이 국가와 국민 모두에서 사라지지 않고 있다. 그동안 이른바 진보세력이 많이 성장하였고, 이를 바탕으로 김대중, 노무현이 대통령에 당선된 것은 이전이면 상상하지 못할 이념적 느슨함으로 생각할 수 있을지 모른다. 김대중 정부는 북한에 대한 화해 협력 정책, 이른바 햇볕 정책을 내세워 적극적인 대화에 나섰고, 이를 바탕으로 2000년 남북정상회담을 성사시켰다. 김대중 정부는 북한에 많은 자금을 지원하여 북한의 경제 성장을 돕고 대외 개방을 유도하려고 하였다. 그러나 이런 정책들은 한국 보수파의 맹렬한 공격을 받게 되었고, 이른바 남남 갈등의 원인이 되었다. 이를 계기로 한국에서는 이념 갈등의 위험에 대한 우려가 커지게 되었다. 김대중의 뒤를 이은 노무현 정부도 근본적으로 김대중의 대북 화해 협력 정책을 이어받았고, 같은 종류의 남남 갈등에 직면하였다.

이런 점에서 보면 한국에서 '진보 정권'이 탄생하여 이념 갈등이 심해졌다고 볼 수도 있다. 그러나 다시 생각해보면 이런 생각에는 한계가 있다. 대북 화해 협력 정책은 반공 사상이 지배하는 한국 현실에서 진보적이라고 할 수도 있다. 그러나 민족 통일의 '지상 과제'를 앞두고 있는 한국 현실에서 남북 대화와 교류를 추진하는 것은 보수든 진보든 당연한 책무라 할 수 있다. 결코 진보적이라 할 수 없고 반공 보수주의자인 박정희도 앞장서서 남북 대화를 추진하였고, 민주화 과도기를 꾸려나간 노태우 대통령 역시 보수파였지만 적극적인 북방 정책과 남북 협력을 제안하였다. 이후의 보수 정부인 김영삼 정부 역시 1993년의 북한 핵 사태 이후 강경 정책으로 선회하였지만, 초기에는 적극적인 대북 화해 정책을 추진하였다. 김대중, 노무현의 대북 화해 협력 정책이 이들의 정책보다 더 적극적이었다고 볼 수도 있겠으나, 이 둘 사이가 본질적으로 다른 것이라고 할 수는 없다. 남북 화해와 통일 여건 조성은 보수든 진보든 한국 정부의 기본 책무로서 외면할 수 없기 때문이다.

어쨌든 한국의 '진보' 정권들이 진보적이라고 불린 데에는 이러한 대북한 정책이 중심 역할을 하였다. 그러나 경제사회 정책 쪽으로 오면 이들을 진보 정권이라고는 결코 말할 수 없다. 물론 더 보수적인 상대 진영에서는 이들의 서민 중시 수사학 때문에 이들을 진보적이라고 이름붙이기는 하나, 이는 정확한 평가라고 볼 수 없다. 이들이 경쟁 세력인 한나라당, 새누리당에 비해서는 그럴지 모르나, 세계적인 기준으로 볼 때 이들의 사회 경제 이념은 진보보다는 오히려 보수에 가깝다. 자본주의 시장 원리를 신봉한다는 점에서 그렇고, 미국이 주도하는 신자유주의 세계화를 적극적으로 받아들였다는 점에서 그렇다. 그들은 부자들에 대한 과세 기준을 강화하지 못하고 복지 예산을 충분히 확충하지 못했다. 노동세력이 과거보다 강해진 것은 사실이지만, 이 시대의 주류는 여전히 자본가, 경영자와 그에 딸린 여타 엘리트들이다. 노동자들이 국가 발전 방향에 실현 가능한 대안을 제시하거나 이를 구체적으로 실현할 능력은 없다.

제도권 정당 중 가장 진보적이거나 좌파적이라고 할 수 있는 민주노동당, 이후의 통합진보당의 강령도 자본주의체제의 원리를 준수하고 있으며, 단지 그 안에서 노동자들의 권리를 좀 더 강조하고 부자들에 대한 세금 부담을 좀 더 늘리겠다는 정도다. 물론 그 안에 더 급진적인 분파도 있기는 하지만 이 정도면 대체로 프랑스의 사회당이나 독일의 사회민주당 정도의 노선에 해당하는 것인데, 우리나라에서는 극좌의 자리를 차지한다. 프랑스나 독일에서 집권한 주류 다수 정당의 하나가 우리나라에서는 국민 10% 정도의 지지를 얻는 주변 정당일 뿐이다.

물론 변화는 있다. 제17대 국회의원 선거에서 민주노동당이 13석을 차지한 것은 한국 역사에서 획기적인 일이었다. 사회민주주의와 비슷한 노선을 밟으며 민족 자주를 중시하는 세력이 제도권에 진입한 것은 한국의 이념 지형과 정치 상황에 커다란 변화를 가져온 일이다. 하지만 이들이 한국에서 극좌의 자리를 차지하는 것은 역시 우리 이념의 폭이 좁다는 점을 보여준다. 2014년에 정국을 시끄럽게 했던 통합 진보당의 이석기, 이정희 세력은 분명히 친북적이거나 좌파라고 할 수 있지만, 그 세력은 시끄러운 정도에 비해 국민적 지지가 약할 뿐 아니라, 이후 일어난 통합진보당의 해산은 강경 좌파 세력의 적어도 제도권에서의 몰락을 가져왔다.

그런데 한국의 이념적 획일성은 반공 이념이나 보수적 정치에서만 나타나는 것이 아니다. 자본주의를 맹신하고 그에 대한 대안이 빈약하다는 점에서도 우리는 매우 획일적이다. 다시 말해, 우리나라의 모든 주류 가치가 결국 자본주의 물신 숭배로 귀착된다는 점에서 한국의 이념은 획일적이다. 자본주의 소비 문화가 세계 곳곳을 지배함에 따라 이에 대한 비판도 점점 커져 가지만, 한국에서는 이런 목소리가 상대적으로 빈약한 편이다. 보수 세력은 말할 것도 없고 진보나 개혁세력으로 자처하는 사람들조차 어려운 말로 '국가 경쟁력' 또는 기업 경쟁력, 쉬운 말로 돈벌이를 으뜸가는 가치로 치기는 마찬가지다. 생명이나 인권, 환경 또는 연대를 중시하는 이른바 반세계화의 가치나 운동이 산업화된 나라들 중에서 한국처럼 미약한 곳은 없다. 시대에 따라 구체적인 이유는 다를 수 있지만, 근본적으로 한쪽으로 쏠리기 쉬운 한국 사회의 단일성도 한국의 이념적 획일성에 한 몫 하는 것으로 보인다.

이렇게 보면, 현대 한국에 다양한 가치관이 존재하지 않는 것은, 정

도의 차이가 있으나 유교가 지배했던 조선 시대와 근본적으로 다르지
않다. 박정희 시대의 개발 지상주의는 새천년의 세계화 지상주의로 그
치장을 바꾸었을 뿐인데, 이 둘은 근본적으로 같은 가치관에 서 있다.
경제 지상주의는 21세기의 새로운 지배 이념이 되어 다양한 가치의
추구를 가로막고 있으며, 한국이 창조적이고 자주적인 문화 국가로 가
는 길을 가로막고 있다. 미국이 주도하는 고도의 상업 자본주의가 전
세계를 풍미하지만, 문화의 고갱이가 약한 한국 사회는 다른 어디보다
천민 자본주의의 부작용이 심각해 보인다.

2. 이념 갈등의 성격

그런데 지금까지 얘기한 한국의 이념 쏠림 현상은 요사이 흔히 지적
되는 한국 내부의 이념 갈등과 모순되어 보인다. 그러나 둘이 모순이
아니라는 것이 이 책의 주장이다. 그것은 그 이념 갈등의 성격을 보면
알 수 있다.

앞에서 본 것처럼 최근 한국의 이념 갈등은 김대중, 노무현 진보 정
권의 집권과 이에 대한 보수세력의 불만 때문에 야기되었다. 구체적인
쟁점으로는 남북 문제가 가장 크지만 과거사 문제와 사회, 정치, 경제
개혁 문제와도 맞물렸다. 남북 문제를 둘러싼 남남 갈등은 앞에서 이
미 언급하였다. 과거사와 개혁 쟁점을 둘러싼 이념 갈등은 사실 여러
이념들 사이의 갈등이라기보다는 기득권층의 자기 이익 보전 욕구와
이를 깨려는 세력 사이의 갈등이었다. 이 문제에도 정치·경제적 이념
은 별 상관이 없었다. 단지 기득권 세력이 개혁 세력에 대해 좌파라는

이름표를 붙였기 때문에 이념 갈등처럼 비화한 것이다. 노무현 정부와 보수세력의 싸움은 이념 간 갈등이라기보다는 오히려 비주류 세력의 집권과 자신에 대한 공격을 참을 수 없었던 기득권 세력 사이의 감정 싸움이자 이익 다툼이었다. 노무현 세력과 반대 세력 사이의 싸움은 이념 갈등이 아니라 오히려 다른 성분을 가진 세력들 사이의 '성분 갈등'이었다(김영명 2006). 여기서 성분이란 정치 이념보다는 세대, 취향, 행동 양식, 출신 배경 등의 차이에 더 좌우되는 것이었다. 한 마디로 기득권 세력은 고졸 출신의 비교적 젊고 무례한 노무현 세력을 감성적으로 참을 수 없었다. 물론 자기 이익에 대한 도전은 더 참을 수 없었다. 어느 쪽이라도 이념 갈등과는 거리가 있다.

이러한 사실은 한국의 이념 갈등에 대한 설문 조사 결과를 보아도 마찬가지이다. 이념 갈등은 사회경제 정책보다는 주로 북한 문제와 한미 동맹, 그리고 특히 노무현 정부 이후에는 과거사 문제에서의 보수 진보 구분으로 나타난다. 최근의 대표적인 이념 성향 조사를 보면 보수 진보 구분을 사용하는데, 이 가운데에는 호주제 등에 관한 의견 조사도 들어 있다. 이런 것을 정말 이념이라고 할 수 있는지 의심스럽다. 과거사 문제도 마찬가지다. 한국에서 실제 나타나는 현상이 다르기는 하나, 과거사 청산은 원칙적으로 좌우 이념에 관계없이 찬성할 수도 있고 반대할 수도 있다. 이런 가치들에 대한 보수 진보 성향 구분을 할 수는 있으나, 이는 이념이라기보다는 사회적·도덕적인 가치관의 문제들이다(이현출 2005). 예를 들어 중앙일보(2002년 2월 2일)가 일전에 조사한 한국인의 이념 성향 조사를 보자. 여기서 보수 진보 '이념'의 지표로 삼은 것은 외교-안보(한미 동맹과 외교 다변화), 국가보안법 개정, 대북 지원, 재벌 개혁, 집단소송제, 복지 예산 확대, 환경 정책

중시, 고교평준화, 호주제, 사형제 등이다. 이들 중 정말로 좌우 개념으로 나눌 만큼 정치 이념 또는 사회경제적 이념에 관한 것이라고 할 만한 것은 별로 없어 보인다. 외교 다변화를 지지하는 것이 진보인지는 모르겠으나 이는 좌파든 우파든 다 지지할 수 있다. 재벌 개혁도 좌파뿐 아니라 진정한 우파 시장주의자라면 지지할 것이다. 고교평준화, 호주제, 사형제 등은 사회적 가치관이나 정책의 문제이지 이념의 문제가 아니다. 복지 예산 확대와 환경 보호는 좌파와 진보파에서 더 주장하므로 다른 지표보다는 이념 측정에 좀 더 적합하지만, 그 또한 정도가 문제다. 우파 자본주의 안에서도 이런 정책들을 어느 정도는 추진할 수 있다. 이념이 아니라 광범한 가치관이나 정책에 대한 진보와 보수의 구분이라면 이런 지표들도 받아들일 수 있지만, 문제는 이를 정치 이념 또는 사회경제적 이념으로 내세우며 일부 언론이나 정치권에서 진보를 의도적으로 좌파라고 호도하는 데 있다.

한국에 진정한 이념 갈등이 있다면 새누리당이나 보수 강경세력과 통합진보당이나 비제도권 좌파 세력 사이의 갈등이 되어야 하지만, 그것은 매우 일방적인 싸움일 뿐이다. 그들 사이의 이념 갈등이 있다고 하더라도 세력 분포는 일방적이다. 다시 말해 한국에서 진정한 이념 갈등은 비중이 매우 작고, 사이비 이념 갈등, 즉 이념 간 별 차이 없는 세력들 사이의 다툼이 대부분이다. 그것은 이념 갈등이라기보다는 오히려 이익갈등이고 성분 갈등이었다.

최근 들어 많은 사람들이 한국의 '이념적 양극화'를 우려하지만(엄상윤 2010), 여기에는 고려해야 할 사항들이 있다. 그것은 다음과 같다.

1) 한국 사회, 정치가 이념적으로 양극화된 것은 아니다. 이념적으

로 중간과 보수가 대부분이다.

2) 양극화라는 말이 양극으로 되어간다. 즉 정치 이념의 두 극 사이 거리가 점점 더 멀어진다는 뜻이라면, 그렇다는 명백한 증거는 없다. (이에 비해 소득 분배나 빈부 격차가 점점 양극화되어 간다는 증거는 아주 많다.)

3) 소수 극단 세력들 즉 좌우파 행동가들의 소요가 한국 정치를 어지럽히고 제도권 정치에 상당한 영향을 주는 것은 사실이지만, 그것이 한국 정치의 주된 조류는 아니다. 그러한 대결이 한국 정치의 방향이나 진로에 큰 영향을 주지는 못한다. 극단 행동들과 대결이 나타난다고 하여 한국 정치의 큰 흐름이 바뀌지는 않는다. 그냥 자극적인 요소들일 뿐이다. 자극적이기 때문이 그 영향이 커 보이는 일종의 착시 현상이라고 할 수 있다.

4) 그러한 성격의 이념 갈등은 국민 전체 차원이라기보다는 오히려 엘리트 정치 행위자들 사이에서 더 두드러진다(이내영 2011). 이념 갈등이든 양극화이든 일반국민보다는 정치 제도권의 정치인들과 시민사회 행동가들 사이에서 두드러지는 현상인데, 이는 이념 자체의 간격 때문이 아니라 조그만 차이도 조정하거나 타협하지 못하고 극한 대결로 가는 정치적인 미숙함 때문이다. 관건은 이념 차이라기보다는 정치력 부재와 정치적 미성숙의 문제인 것이다. 게다가 일반국민들 사이에서 나타나는 이념 갈등도 이념 차이 그 자체보다는 다른 견해나 취향에 대한 관용 수준이 낮은 것이 더 중요한 원인일지도 모른다(가상준

2015). 낮은 정치적 관용 수준과 미숙한 정치 지도력이 우리가 흔히 생각하는 '이념 갈등' 그 자체보다 더 심각한 문제일 가능성이 높다는 말이다.

요약하자면, 한국에서 이념 갈등으로 간주되는 갈등의 대부분은 이념 차이에서 나온 갈등이라기보다는 이념 차이가 크지 않은 세력들 사이의 이익 갈등이나 성분 갈등이다. 그렇지만 이념 차이가 크지 않은 주요 세력들, 예컨대 제도권 여당과 야당들이 타협하지 못하고 극단적 정쟁으로 나가기 일쑤이다. 진보든 보수든 시민세력들도 마찬가지이다. 이런 상황에서 이념적 양극화라는 말이 탄생했다. 하지만 그것은 정확히 말해 이념적 양극화라기보다는 다른 의견과 다른 이익 간의 분쟁을 조정하고 타협하지 못하고 극한 대결로 가는 행동상의 문제이다. 단적으로 말해 타협 문화의 부재와 정치력의 부재이다. 근본 문제는 이념들 사이의 충돌이라기보다는 이익들을 조정하지 못하는 정치권, 시민사회 모두의 정치력 부족이다. 이 모두 이념 갈등 그 자체라고 보기는 어렵다.

3. 권력, 지역 쏠림

1) 사회에 대한 국가의 통제력

한국은 전통적으로 국가가 사회에 대해 힘의 우위를 견지해 왔다. 재벌 등 경제 권력과 시민사회의 힘이 급격히 부상하여 국가의 힘에 의미 있는 도전을 하기 시작한 것은 최근 20년 사이의 일이다. 여기에

는 산업화에 따른 민간 사회 각 부문의 힘이 성장과 정치적 민주화의
요소가 큰 역할을 담당하였다.

한국에서는 국가의 힘이 사회에 비해 압도적이었던 시기가 오래 지
속되었고, 이런 상황은 제3세계 혹은 근대화 사회 가운데에서도 특기
할 만했다. 예를 들어, 서로 다른 종족들 사이의 분쟁이나 지역 간 갈
등이 끊이지 않고 중앙 정부가 이를 통제할 능력이 없는 경우가 제3세
계 신생국 사이에 허다하다. 이런 곳에서는 그야말로 '국가 형성'이 시
급한 문제가 되었고, 이런 상황이 비교정치학계 제3세계 정치론의 핵
심적인 한 부분을 이루기도 하였다. 그러나 한국의 경우는 반대였다.
한국은 전통적으로, 전근대 시대에도 힘의 중심이 중앙 정부에 있었
다. 그레고리 헨더슨(2000)이 이름 지은 '소용돌이 정치'는 원자화된
사회 부문들이 자신의 이익을 대변해 줄 중간집단이 없는 상태에서
중앙 정부에로만 권익 실현을 위해 몰리는 현상을 묘사한 것이었다.
조선 시대에도 지방 분권이나 이익 집단 정치가 이루어지지 않고 중앙
정부가 큰 권력을 가지고 낱낱이 부스러져 있는 사회 부문들 위에 군
림하였다. 물론 중앙 정부 안에서는 임금이 절대 권력을 지니지 못하
고 신하들과 힘 경쟁을 하였지만, 그것은 중앙 정부 내부의 사정이었
지 그런 다원적인 힘 경쟁이 사회 전체로 확대되지는 않았다.

이런 사정은 성격을 달리 하면서 일제 총독부 정치에 의해 더욱 강
화되었다. 조선 왕조가 사회 전체를 물리적으로 장악할 능력이 없었던
데 반해, 일제하의 식민지 국가는 조선 사회전체를 장악하고 조직하고
통제할 물리적 능력을 갖추고 있었다. 경찰과 군대 그리고 각종의 어
용 단체들을 이용하여 식민지 국가는 처음으로 조선 사회를 체계적으
로 통제할 수 있었다. 이러한 경찰 국가, 군사 국가의 성격이 2차 대전

이후 독립한 대한민국 국가의 성격에 고스란히 이어지게 되었고, 더 직접적으로 박정희의 유신체제에서 그대로 부활하였다. 유신이라는 말 자체가 일본의 메이지 유신을 본 땄다는 것은 그러한 사실을 아주 상징적으로 보여 주었다. 한국은 단일사회이기 때문에 국가에 의한 사회 통제가 그렇지 않은 나라에 비해 더 손쉽다. 다시 말해 중앙 국가 권력에 대항하거나 그 지배를 거부하는 사회세력, 특히 원초적인 사회 세력이 존재하지 않기 때문에 중앙 정부에 힘이 집중된다. 종족이나 종교, 언어, 문화 등에 의한 사회적 균열이 존재하는 곳에서는 그러한 다원적인 힘의 원천이 중앙 국가의 힘을 약화시킨다. 한국은 이런 점에서 반대쪽 극에 가까운 나라이다. 대안적 힘(또는 구성원의 충성심의 대상)의 원천이 존재하지 않는다는 사실이 국가에의 힘 쏠림을 강화하였다고 할 수 있다.

사회에 대한 국가 통제력을 강화한 또 하나의 결정적인 현실이 바로 분단 상황과 전쟁이었다. 이런 상황은 이해하기가 매우 쉬워서 별다른 설명이 필요 없다. 북한과의 대치가 군사력을 증강시켰고 반공 이념과 안보 논리를 강화하여 사회에 대한 국가의 통제를 쉽게 만들었다. 이승만, 박정희 정권이 얼마나 자주 반공과 안보를 반대자 탄압과 사회 통제의 수단으로 이용하였는지는 굳이 설명이 필요하지 않다. 집권자는 반공법, 국가보안법, 사회안전법, 긴급조치, 위수령, 계엄령 등등 시기와 상황에 따라 적절한 법적 장치들을 이용하여 정치적 저항과 북한과의 대화 노력을 억압하면서 정권의 권력을 강화, 연장하였고, 이는 곧 한국 국가의 사회에 대한 통제를 의미하였다.

국가와 사회 간의 이런 힘의 비대칭은 오랜 세월 지속되었는데, 경제 성장이 무르익고 정치 민주화가 본격화되자 이런 힘의 비대칭이 줄어들고, 둘은 다양한 방식으로 다양한 쟁점에서 경쟁 또는 협력하는 사이가 되었다. 그 변화의 시점을 정확하게 지적하기는 어렵지만 대개 1980년대 후반에서 1990년대 초반에 걸친 민주화 변환과 시점이 겹친 것으로 보아도 무리가 아닐 것이다. 그 즈음에서 재벌들의 국가에 대한 경제 자유화 요구도 본격적으로 나오기 시작하였으며, 노동 쟁의가 빈발하였고, 이에 대한 국가의 일방적인 억압도 쉽지 않게 되었다.

압축 성장의 요소 또한 국가의 힘 우위를 오래 지속시키는 요인으로 작용하였다. 원래 산업화가 시작되면 노동 계급이 성장하고 산업화 초기의 열악한 노동 조건을 타개하기 위해 노동자들이 조직화하고 노동 쟁의를 일으키기 마련이다. 한국도 예외는 아니었다. 그러나 한국의 경우 산업화가 단시일에 매우 압축적으로 일어났기 때문에, 늘어나는 노동자의 숫자에 비하여 노동 계급이 하나의 사회적 계급으로 형성되어 의식화하고 조직화하는 것이 시간적으로 충분하지 않았다. 다시 말해 산업화가 매우 빠른 속도로 일어났기 때문에 서양에서와 달리 한국에서는 노동 계급이 미처 조직화, 의식화되기 전에 국가의 통제가 확립되었던 것이다. 그렇게 하기 전에 국가가 이미 어용 노조를 내세워 제대로 된 노동조합의 조직을 방해하였고, 산발적으로 일어나는 노동 쟁의를 물리력으로 억압하거나 유신체제에서와 같이 가족공동체 등의 공동체 논리를 이용하여 노동자의 의식화를 방해하였다. 무엇보다 한국의 산업화는 그 자체를 국가가 주도하여 일어났다. 국가가 산업화를 주도하면서 외국에서 자본을 조달하고 투자 우선 순위를 결정하여 산업 구조를 조절하고 노동자뿐 아니라 재벌 당사자들까지도 통제하였다. 이러한 선제적 통제가 약해지고 국가에 대한 계급세력의 도전이 의미를 가지는 데에는 앞서 말한 바와 같이 상당히 긴 세월이 필요하였다.

이렇게 보면, 한국에서 오래 지속된 국가의 사회에 대한 힘 우위, 즉 국가에로의 힘 쏠림 현상은 분단 상황, 압축 성장, 단일사회적 요소들의 복합 작용이었다고 볼 수 있다.

2) 정치 권력과 부의 중앙 집중

한국의 정치가 중앙에서 이루어진다는 사실은 누구나 다 안다. 다시 말해 한국에서는 권력이 중앙에만 있다는 말이다. 이런 점은 경제나 문화 분야에서도 마찬가지이지만, 특히 정치와 권력의 중앙 집중이 두드러진다. 이것은 현대 한국의 특징일 뿐 아니라, 조선 왕조의 특징이기도 했다. 한국의 정치사는 고려 창건자 왕건이 지방 호족들을 다스린 이후 중앙집권의 길로만 달려 왔다.

이러한 중앙집권에는 한국의 단일사회적 조건이 매우 호의적이었다. 이에 대해서는 위에서 언급했다. 단일사회적 조건이 힘의 중앙 집중을 유발하였고, 그 중앙은 수도 서울일 수밖에 없다. 경제와 문화가 서울에 집중된 것도 결국 이에 강력한 영향력을 미치는 정치 권력이 서울에 집중되었기 때문이다. 그런데 경제·문화가 서울에 집중되다 보니, 다시 서울에 정치 권력이 더 집중되게 된다. 서울 집중의 악순환이다. 이런 상황이니 정치체제가 민주화되고 지방자치제가 도입되었지만 '자치'가 제대로 되지 않는다. 지방 자치가 제대로 되기에는 무엇보다 지방에 돈이 너무 없다. 예산이 모자라니 지방자치단체는 중앙 정부에 손을 내밀지 않을 수 없고, 그러니 중앙의 권력에 엎드리지 않을 수 없다. 이런 상황에서 권력의 지역 분산을 바라기는 어려울 수밖에 없다. 물론 분권화의 노력이 없는 것은 아니지만, 중앙 집중의 구조적인 한계를 극복하기가 쉬워 보이지는 않는다.

한국 사회의 병폐들인 수도권 집중, 계급 양극화 등에 대해서는 수많은 서술들이 쏟아졌으므로 그 현상들 자체에 대해서는 여기서 거론하지 않겠다. 오히려 왜 그렇게 되었는지에 관심을 둔다. 수도권 집중에는 물론 국가 정책 등 여러 요인이 작용하겠지만, 한국이 '작은' '단일사회'이기 때문에 두드러지게 된 측면도 간과할 수 없다. 헨더슨이 역설한 바 작고 동질적인 사회에서 나타나는 중심을 향한 소용돌이 현상이다(헨더슨 2000). 그렇기 때문에 박정희 이래 모든 정부들이 국가 균형 발전을 외쳤지만 상황은 거꾸로 돌아갔다. 중심인 서울의 막강한 흡인력 때문인데, 바로 그것이, 자생적인 지역 핵의 존재를 불가능하게 하는 단일사회 한국의 특징 때문이라는 것이 이 책의 주장이다. 물론 더 단기적으로 보면 기득권이 기득권을 부르는 권력의 자기 확장 현상을 들 수 있는데, 이 또한 단일사회적 특징 때문에 더 강화된다.

이러한 중앙집권의 구조는 강력한 국가체제에 의해 지탱되었다. 조선 왕조도 관료 중심의 중앙집권체제였지만, 근대적 중앙집권 국가는 일제 때 확립되었다고 볼 수 있다. 일제는 식민국가체제를 통해 근대 자본주의 구조를 조선에 이식하여 착취의 수단으로 삼았다. 이러한 상황이 소위 '식민지 근대화론'이라는 일제 정당화 논리를 낳았는데, 당시 관료·군사 국가의 형성과 자본주의 개발이 실제로 있었던 것은 사실이지만, 이것이 과연 민주화, 인간화, 문화적 발달을 포함하는 진정한 근대화인가에 대해서는 의문의 여지가 많다. 산업 개발의 측면만 보더라도 그것이 이후 한국 경제 성장의 기반이 되었다는 주장은 받아들이기 어렵다. 하지만 일제가 중앙집권 국가와 철도, 교육, 법 제도 등의 물적·정신적 기반을 대한민국에 물려준 것은 분명한 사실이다.

그것을 제대로 청산하지 못하고 오히려 그대로 물려받은 대한민국의 사회적·정신적 구조가 문제일 뿐이다. 어쨌든 이런 상황 속에서 국가는 이른바 '과대 성장'하고 시민사회는 발달하지 못하였다. 일제의 유산 가운데 중요한 것으로 강한 국가와 약한 사회의 전통을 들 수 있는데, 이 전통이 박정희 군사 정권에 고스란히 이어졌을 뿐 아니라 더 강화되었다. 이 상황에는 물론 북한과의 군사적 대치라는 분단 상황도 큰 역할을 하였다.

이렇게 역사적 상황과 단일사회적 조건들이 맞물려서 한국 사회의 권력 집중은 심화되었다. 이런 상황이 최근까지 지속되었는데, 요즘에는 민주화가 진행되다 보니 특정 인물이나 집단이 권력을 독점하는 현상은 많이 누그러졌다. 그런 의미에서는 한국의 집중화 현상이 다소 약화되었다고 볼 수 있다. 하지만 다음에서 다룰 내용처럼 또 다른 형태의 집중, 특히 부의 편재와 재벌 집중 현상이 한국 사회 집중화의 새로운 특징으로 떠오르고 있다.

3) 중앙집권과 지역주의

그런데 한국에서는 지역주의가 대표적인 정치적 병폐로 지목된다. 지역주의는 특정 지역 중심의 권익을 위해 각 지역들이 경쟁하는 상황을 일컬으며 따라서 이는 중앙집권과는 모순되어 보인다. 이런 반대되는 것처럼 보이는 현상들이 한국에서 동시에 나타나는 것은 어찌 된 일일까? 이에 대한 해답을 제시해 본다.

우선 한국의 지역주의는 얼핏 생각하듯이 중앙집권적 단일사회의 반대 현상이 아니라 오히려 그 자체가 단일사회적 조건을 반영한다. 무슨 말인고 하니 한국 지역주의는 권력의 지역 분산이 아니라 오히려 중앙 집중을 반영한다는 말이다. 그것은 한국 지역주의의 특수한 성격과 관련이 있다. 한국의 지역주의는 복수의 지역 경제 중심이나 지역 정치 중심들 사이의 경쟁이 아니다. 오히려 그것은 중앙 정치권력을 취하기 위한 지역 사이 경쟁으로 나타난다. 특히 선거에서 자기 지역 후보자나 지역 기반 정당들을 밀어주기 위한 경쟁으로 나타난다. 이런 경쟁은 중앙집권 사회에서 얼마든지 나타날 수 있고, 더 나아가 중앙 집권적인 상황이 더 부추길 수도 있다. 특정 지역이 중앙 정치에서 주도권을 잡기 위한 경쟁이기 때문이다. 따라서 한국의 지역주의는 중앙 집중이나 집권과 모순되지 않는다.

이와 같이 한국의 지역 갈등은 한국이 다원사회가 아니라 거꾸로 단일사회이기 때문에 촉발된 측면이 크다. 그래서 그것은 다원사회의 지역주의와 성격이 다르다. 다원사회의 지역주의는 주로 원초적 갈등에 입각하여 한국의 경우보다 더 심각하고 때로는 폭력적 갈등을 유발한다. 하지만 한국의 경우는 이와 달리 이념, 계급, 종교, 민족 등 다른 거대한 균열 요인이 없거나 부족하기 때문에, 정치 균열의 폭발성이 다원사회보다 훨씬 작고 지역 맹주를 중심으로 한 지역 경쟁으로 나타났다고 할 수 있다. 이렇게 보면 거시적 안목으로 볼 때 한국의 지역주의는 투표 성향이나 일상 정치 과정에서 부작용을 나타내기는 하지만, 체제를 불안하게 할 정도의 심각한 요소는 아니라 해도 좋다. 한국 지역주의의 원인을 넓게 보면 결국 뒷장에서 다룰 인물 지배 정치의 원인과 동일하다고도 볼 수 있다. 3김씨가 사라진 지금 지역주의도 약화되고 인물 정치도 어느 정도 약화되어가고 있다고 할 수 있다.

또 지역주의는 주로 다른 지역들 사이의 경쟁을 의미하지만, 한국에서는 이른바 지방들 사이, 예컨대 흔히 생각하듯이 경상도와 전라도의 대립이나 경쟁 못지않게 수도권과 지방 사이에 존재하는 권력과 부의 비대칭성도 중요하다. 아니 후자가 더 중요할 수도 있다. 이것은 바로 한국의 중앙집권, 중앙 집중적 구조 때문에 나타나는 현상이다. 한국의 미래 발전을 생각할 때 권력과 부의 수도권 집중은 영호남 반목이나 지역주의 투표보다 더 중요한 문제라고 생각한다. 이러한 수도권과 지방의 격차는 지역주의와는 반대된다고 얼핏 생각하기 쉬운 한국의 단일사회적 조건을 반영한다.

4. 계급 쏠림: 불평등 심화의 한국적 특징

자본주의 산업화는 필연적으로 계급 불평등을 초래하게 되어 있다. 그것은 자본주의체제의 한 본질적 특성이다. 물론 자본주의 사회만 그런 것이 아니라 계급이나 신분의 불평등이 없는 사회는 존재하지 않는다. 이상으로 그려지는 공산주의나 무정부주의 사회에서는 가능할지 모르나 그것은 어디까지나 이론에서일 뿐이고 현실에서는 실현 불가능하다. 어쩌면 불평등이란 인간 사회의 조건 그 자체일지도 모른다. 사실 인간뿐 아니라 모든 동식물에서 불평등은 존재할 수밖에 없다. 모든 생명체가 똑같은 환경에서 살며 똑같은 조건을 부여받을 수는 없기 때문이다. 그래서 문제는 어느 정도의 불평등이 감내할 만한 불평등인가, 또 무엇에 비추어 감내할 만한가일 것이며, 어떤 사회에서는 어떤 종류의 불평등이 나타나는가 하는 문제 등등 더 세부적인 문제들일 것이다.

자본주의 사회는 자본주의 특유의 불평등을 낳는다. 하지만 여기서는 한국 자본주의가 초래한 사회경제적 불평등의 원인이나 현상 그 자체에 대해 언급하지 않으려고 한다. 글쓴이의 능력을 벗어날 뿐 아니라 이 책의 의도와도 별 관계가 없기 때문이다. 단지 지적하고 싶은 것은 대한한국의 불평등이 상당 기간 세계 기준으로 양호한 상태였다가 최근에 급격히 악화된 사실이다(신광영 2004). 여기에는 1997년 외환위기 이후에 무분별하게 채택된 신자유주의적 시장 원리가 가장 큰 원인이 되었다. 한 원리나 이념을 이렇게 급속도로 과대하게 수용하는 것 또한 한국인의 한 특징이기도 한데, 이는 우리가 '휩쓸림'으로 묘사하는 한국인 행동의 한 특징이다. 신자유주의 세계화의 급격한 수용은 이전 주자학, 기독교 등의 급격한 수용과 맥을 같이 하는 극단으로 치닫기 쉬운 한국인 행동의 특징을 보여주기도 한다(김영명 2005; 김영명 2011).

한국의 계급 불평등 심화는 한국의 '단일사회'적 특징을 반영하고 있다. 물론 자본주의체제 자체가 어디서나 불평등을 만들고 심화하기는 하지만, 한국의 경우 이에 덧붙여 계급이나 계층을 구분 지을 다른 요소들이 거의 존재하지 않고 오로지 자본주의 생산체제에 의해서 계급이 결정되므로, 그 불평등 확산의 영향이 더 단순하고 확실하게 나타나는 것이다. 일제 통치와 전쟁으로 본격적인 자본주의 발전 이전에 이미 존재했던 계급 구조가 파괴된 단일사회 한국에서 새로운 자본주의 계급 구조가 고착되는 것은 비교적 간단한 일이었다. 반공 이념이 강하고 사회계급들에 대한 국가의 권력 선점이 확보되었기 때문에 더 그랬다('분단' 요인). 물론 더 단기적으로는 국가의 신자유주의 정책이 최근에 이런 현상을 더 부추겼다.

한국 계급 쏠림의 또 다른 특징은 그것이 남다른 교육열과 학벌주의를 통해 나타나고 있다는 사실이다. 해방 후 또는 6.25 전쟁 후 경제적 지배 계급이 파괴되고 자본주의 계급 형성이 덜 이루어진 상황에서 사회 계층 간 차이는 주로 다른 나라보다 더 심한 학벌주의를 통해 나타났다. 이는 계급 구분이나 신분 구분이 덜 이루어진 한국의 단일 사회적 조건을 반영한다. 고등교육은 그동안 사회적 신분 상승의 수단이 되었으나, 점차 경제적 계급 격차와 교육 격차가 일치하는 상황으로 바뀌고 있다. 쉽게 말해 부유한 계층의 자제들이 세칭 일류 대학에 들어가는 비율이 갈수록 증가하고 있다는 말이다. 한국의 계급 불평등은 심화되고 있으나 여전히 선진 자본주의 사회의 계급 고착에는 이르기 전의 상황이다.[11] 그런데 그 역할, 즉 계급 고착의 역할을 학벌주의가 보완하고 있는 것으로 파악된다. 다시 말해, 한국의 교육 과열과 학벌주의는 단일사회 한국의 사회적 불평등이 구조화되는 한 방식이라고 할 수 있다.

이러한 계급 불평등은 서구와 같은 계급 정당 정치를 가져올 여건을 만들었다. 그러나 한국에서는 계급 정치가 이루어지지 않았고, 앞으로도 본격적인 계급 정치가 실현되기는 어려울 것이다. 계급 갈등의 요소는 매우 고조되었으나 노동 계급의 조직화가 미흡하고 결정적으로 하층계급의 계급의식이 형성되지 않았기 때문이다.[12] 이는 앞에서도

---

11) 한국은 청소년기에 진로가 결정되는 유럽이나 사립학교와 공립학교의 격차가 엄청난 미국과는 달리 아직도 하층계급이 명문대학에 갈 수 있는 기회가 존재한다. 그러나 그 기회는 점점 줄어들고 있다. 한국이 유럽이나 미국처럼 계급 고착, 학벌 고착이 이루어질지 두고 보아야 한다. 그 방향으로 가지 않도록 노력해야 하리라 본다.

12) 최근에 계급 정치는 하층계급보다는 상층계급에서 더 나타나고 있다. 기득권을

말한 바 '압축 성장'에 따른 국가의 선제 지배, 반공 이념의 팽배(북한 공산주의와 노동 계급 중시를 동일시하는 한국인의 일반적 사고) 등에서 원인을 찾을 수 있고, 거기에 전통적인 유교적 노사 문화의 잔존 등을 덧붙일 수 있다.

계급 정치가 이루어지기 어려운 또 다른 요인으로 단일사회적 조건에 따른 범계급 또는 탈계급적인 국민·민족 의식의 팽배를 들 수 있다. 다른 말로 하면 한국 사람들 사이에 만연한 평등 의식이다. 이 평등 의식은 일제 강점과 토지개혁, 전쟁으로 양반 계급과 지주 계급이 해체된 역사 때문에 형성되었지만, 다른 한편 단일사회적인 한국의 특성에 기인한 것이기도 하다. 다 같은(단일한) 사람들이니 사회·경제·정치적으로도 다 같아야(평등해야) 한다는 의식이 한국인에게 잠재해 있는 것이다. 이 또한 한국 정치에 상당한 영향을 주고 있는 것으로 보인다.

II. 정서적 휩쓸림

한국 정치가 정서적인 휩쓸림에 좌우되는 경우가 많다는 점은 많은 사람들이 지적한다. 선구적인 엘리트 이론가 중 하나인 파레토(1916)

지키려는 상층계급의 의식화는 이루어진 반면, 하층계급은 오히려 상층계급을 대변하는 정당의 가치관을 지지하는 현상을 보인다. 중간계급은 계급적이라기보다는 탈계급적이고 탈물질주의적인 면을 보인다(고원 2009).

는 대부분의 사람들은 대개 비합리적인 감정에 의해 좌우되며, 히스테
리, 공황, 열정과 같은 감정의 급격한 변화에 취약하다고 주장한 바
있다. 그래서 엘리트들이 대중을 쉽게 조작할 수 있다는 것이다(드라
이젝·던러비 2014, 77). 이런 견해는 대중에 대한 불신과 엘리트 지배
를 정당화하는 방향으로 이어질 수 있다. 더 나아가서는 민주주의 자
체에 대한 불신으로까지 이어질 위험이 있다. 나는 비합리적인 감정이
사람들의 생각과 행동에 미치는 영향이 매우 크다고 생각하지만, 그것
이 엘리트 지배를 정당화할 수는 없다고 본다. 대중의 감정적 휩쓸림
이 민주주의의 한 결함이기는 하지만, 그 결함을 최대한 보완하는 방
향으로 민주주의 제도를 개선해 나가야 한다. 더구나 대중의 몫이라고
생각하기 쉬운 정서적 휩쓸림을 엘리트들이라고 해서 보이지 않는 것
은 아니다. 비근한 예로 노무현 정부 당시 한국의 보수적 엘리트들은
대통령과 지지세력에 대해 매우 감정적으로 대응하였다. 그들 사이의
적대감은 합리적인 이성으로 설명될 수 없을 정도였다. 이런 일들이
한국뿐 아니라 다른 나라들에서도 흔히 일어난다. 독일 나치 정권에
대한 중산층과 엘리트들의 열렬한 지지도 한 보기가 될 수 있을 것이
다. 정서적인 휩쓸림은 정도의 차이가 있을지 모르나 대중과 엘리트
모두에게 공통된 인간조건이다.

한국 정치의 정서적인 면, 특히 정서적 휩쓸림의 문제에 대해서는
학술적인 연구가 부족하다.[13] 주류 정치학계의 이론적 발달과 별 관계
없는 분야라서 그러리라 생각한다. 그러나 이런 점에 대해 밀도 있게

---

13) 그 반면 대중적 저술은 많은 편이다(강준만 2006) 참조. 이를 학술적으로 다루
기 '시작하기'가 쉽지 않기 때문인 듯하다.

연구한다면 한국 정치학의 정체성을 살리는 데 기여할 수 있을 것이다. 물론 정치의 정서적 또는 정념적 측면은 한국뿐 아니라 다른 나라에도 보편적으로 존재한다(Walzer 2004; 웨스턴 2007). 진보적 자유주의 정치 철학의 대가인 월저(Walzer 2004, 제6장)는 자유주의 정치 이론(예컨대 심의 민주주의론)들이 지나치게 이성을 중시하여 현실을 제대로 반영하지 못한다고 비판하고, 정치는 정념을 피할 수 없으며 이성과 정념은 언제나 뒤섞인다고 본다. 특히 그는 공동체적 유대감이 정치에서 차지하는 역할에 주목한다. 웨스틴(2007)은 미국 선거에서 언제나 감성이 이성보다 우세하다는 사실을 풍부한 사례들을 들어 증명한다. 요즘 많은 관심을 끄는 미디어 정치, 이미지 정치, 여론 정치 등이 이와 관련된다. 베레진(2012)은 정치적 정체성 형성에서 감정이 차지하는 역할에 주목하며, 김영명(2007, 184-192)은 정치에서 감성이 발현되는 방식을 "좋고 싫은 감정, 열정, 감정적 휩쓸림, 거부할 수 없는 유혹, 상징 동원, 공동체적 유대감"의 여섯 가지로 나눈다. 서병훈(2008)은 포퓰리즘 연구에서 그것을 "인민에 대한 호소"와 "선동적 정치인에 의한 감성 자극적 정치"의 두 구성 요소로 정의한다. 모두 정치의 감성적 측면에 대한 이해에 도움을 줄 연구들이다.

정치의 이런 감성적 요소에는 긍정적인 면과 부정적인 면이 다 존재한다. 다시 말해, 이는 바람직한지 아닌지 가치 판단의 문제가 아니다. 이를 바람직한 정치 목적을 위해 어떻게 제어하거나 활용할지가 관건이다. 그런데 이러한 정서적인 면이 모든 정치의 특징이라고 한다면 한국 정치가 특히 감성적인 휩쓸림이 강하다는 사실을 어떻게 증명할 수 있을까? 여기에는 두 가지 부분이 있다. 하나는 감성적이라는 것이고, 다른 하나는 휩쓸린다는 점이다. 우선 감성적인 면부터 보자.

전통적으로 동양 사람들은 정서적인 면이 강하고 서양 사람들은 이성적인 면이 강하다는 말을 우리가 많이 해 왔다. 한때 매우 번성했던 일본론의 한 중요한 특징이 감성적인 일본인을 이성적인 서양인과 대비시키는 것이었다. 심지어 일본인과 서양인은 뇌의 구조가 다르다는 주장까지 나왔다. 그것이 과연 사실일까? 물론 매우 이성적·합리적인 계몽주의 철학, 합리적인 정신에 대한 강조 등이 동양이 아니라 서양에서 나온 것은 사실이다. 그러나 동양 정신을 오랫동안 지배한 주자학도 감성적이라기보다는 이성적·합리적이 아닌가? 인도에서 태동한 불교도 정서적이라기보다는 매우 합리적이다. 비현실적으로 과장된 여러 가지 상상이라든가 사례의 제시를 빼고서는 말이다. (하지만 이러한 비현실적인 과장과 비약은 서구 문명의 기초를 이룬 기독교 경전에서도 마찬가지이다.) 서양에서도 매우 감성적인 예술과 문학이 번성하였다. 낭만주의와 상징주의 사조들이 대표적이다. 근대 과학 기술과 그것을 뒷받침한 계몽 사상, 합리주의 정신이 동양이 아니라 서양에서 태동한 사실 때문에 서양 이성, 동양 감성이라는 이분법이 힘을 얻은 것 같다. 그것이 일리가 없다고 말할 수는 없을지 몰라도 그러한 이분법을 지나치게 강조하는 것은 설득력이 없다. 어디나 이성, 감성 둘 다 존재한다. 그것들의 강약과 어우러짐의 다름에 대한 판단이 중요할 뿐이다.

위 얘기는 여기서 논하고자 하는 한국인의 감성적 휩쓸림, 특히 그것이 한국 정치의 특징이라는 말과는 반대되는 얘기처럼 보이기 쉽다. 그래서 다시 찬찬히 생각해 볼 필요가 있다. 우선 한국인이 다른 나라 사람들에 비해 특별히 감성적이거나 감정적임을 증명하기는 아마 불가능할 것이다. 설문 조사들을 광범위하게 하면 어느 정도 밝혀질지 모른다. 그러나 나는 이런 종류의 연구 결과를 본 적이 없다. 있을지는 모르나 … .

그런데 여기서 말하고자 하는 바는 한국인의 정서적인 모습이 아니라 그중에서도 휩쓸리는 행동의 모습이다. 이런 한국인의 특징은 사실 일상대화 수준에서 많이 거론되지만 본격적인 연구가 된 적은 없어 보인다. 특히 다른 나라 사람들과의 비교는 아마 없을 것이다. 그래서 고백하거니와, 한국인이 다른 나라 사람들에 비해 특별히 휩쓸리는 행동의 정도가 강하다는 사실을 객관적인 자료로 증명할 수는 없다. 내가 알기로는 아직 그런 연구는 없다. 그래서 그런 특징 묘사는 인상적인 것일 수밖에 없다. 그러나 객관적·과학적인 연구가 없는 상태에서는 인상적인 특징 묘사가 상당한 중요성을 지닐 수 있다. 그리고 내 생각으로는 많은 사람들이 공유하는 인상은 실제로 사실일 경우가 많을 것이다. 세상의 수없이 많은 현상들에 대해 모두 과학적인 연구를 할 수는 없는 노릇이므로, 그러한 연구를 통해 객관적인 결과가 나타날 때까지는 인상을 토대로 논리를 전개할 수밖에 없다. 그런 인상을 너무 과신하지 않는다는 전제라면 말이다.

한국인은 휩쓸림 행동이 강하다. 다른 나라에 비해 그런 경향이 강하다는 것이 내 인상이고 다른 많은 사람들이 받는 인상이다. 그런데 이런 모습은 한국 사회의 조건 즉 단일사회적 조건에 많은 영향을 받는다.[14] 한국의 경우는 특이한 조건이 빚는 독특한 모습의 정서 정치

---

14) 물론 다른 원인도 있을 것이다. 그러나 적어도 지금까지는 그것을 과학적으로 밝힐 수 없다. 예를 들어 한국어에는 의성어, 의태어가 매우 풍부하다. 내가 아는 여러 개의 언어들은 이 점에서 한국어와 비교조차 안 된다. 그러면 왜 한국어에는 의성어, 의태어가 많을까? 아마 한국인들이 정서적이라서 그럴 것

가 다른 나라에 비해 두드러지게 나타나는 것 같다. 휩쓸림은 두 가지 측면으로 볼 수 있다. 하나는 부정적인 의미로, 이성에 입각하지 않은 감정적인 집단 행동의 표출이라고 볼 수 있고, 다른 하나는 긍정적인 의미로 어떤 정치적 상황을 타개하거나 반대로 이루어내는 역동적인 힘의 분출이라고 할 수 있다. 때로는 이 둘 중 어느 것이 더 지배적인지 밝히기 어렵기도 하다. 대개의 경우 두 측면이 다 존재하리라 본다. 정서적 휩쓸림은 한국에서 전통적으로 강한 편이었지만, 최근 들어 민주화의 영향으로 시민들의 의사 표현 자유가 강해지자 더 두드러지게 나타나고 있는 것 같다.

그것이 바로 이 책이 주목하는 일종의 휩쓸림 정치인데, 그 한 모습은 역동적이고 비조직적인 '바람의 정치'로 나타난다. 바람의 정치는 조직력이 상대적으로 미약한 야당 세력들이 조직과 자금력이 강한 여당 세력들에 도전하기 위해 특히 선거전에서 많이 이용하던 전략이다. 특히 제도권 안에서의 야당세력의 힘이 더 미약하던 독재 시절에 두드러졌지만, 민주화 이후에도 사라졌다고 볼 수는 없다. 특히 양김씨의 활약은 바람의 정치를 한껏 활용한 것이었다. 야당 정치인들이 선거전에서 바람을 일으키고 유권자들은 이에 호응하여 탄탄한 조직과 자금으로 밑바닥부터 훑던 여당 세력에 도전하여, 상당한 효과를 보기도 하였다. 특히 김영삼, 김대중 양김씨의 민주 투사로서의 이미지와 지역 맹주로서의 바탕이 그런 바람의 정치를 더 효과적으로 만들었다.

이다. (다른 원인이 있는지는 모르겠다.) 그러면 한국인은 다른 나라 사람들보다 더 정서적인가? 무엇으로 그것을 증명할 것인가? 의성어, 의태어가 풍부한 것을 보면 안다? 질문은 돌고 돈다. 결국 이에 대한 과학적 해명은 불가능할지 모른다.

제3장 쏠림과 휩쓸림 109

이런 바람몰이 또는 바람의 정치는 정치인이 주도하고 유권자들이 호응하는 모양으로 이루어졌다. 여기에는 민주화나 정권 심판이라는 이성적인 목표도 개입되었겠지만, 그 못지않게 특정 지도자나 정당 또는 동향 후보자들에 대한 감성적인 휩쓸림이 작용한 것으로 보인다.

이러한 바람의 정치는 양김씨의 정치 퇴진 이후 어느 정도 고개를 숙이게 되었다. 야당도 조직이나 자금 또는 정책 이슈에서 여당에 버금가는 능력을 갖추게 되었고, 지역에 기반을 둔 일인 지배 보스 정치가 사라졌기 때문이라고 할 수 있다. 그러나 정서에 바탕을 둔 휩쓸림의 정치 자체는 한국 정치의 특징으로서 사라지지 않았다. 오히려 특정 인물이나 쟁점을 둘러싼 정치적 휩쓸림이 그 모양을 달리하게 되었다고 보는 것이 정확할 것이다. 다시 말해 바람의 정치가 특정 개인 정치인을 둘러싸고 일어난 것은 마찬가지였지만, 그것이 개인 지도자의 카리스마나 지역 연고를 둘러싼 일인 지배의 형태는 벗어난 것이다.

그런데 한국의 민주화 투쟁 역시 정서적 휩쓸림의 모습과 전혀 무관하다고 할 수는 없다. 한국이 이루어낸 민주화 투쟁을 휩쓸림이라고 표현하면 좋아하지 않을 사람들이 많겠지만(그 말을 중립적으로 생각하면 될 것이다), 그것이 보여준 역동성 역시 한국 사회의 '단일사회'적 요인에 영향 받지 않았나 싶다. 물론 다른 나라들도 비슷한 민주화 과정을 겪었지만, 일반적으로 보아 특정 문제에 대해서 국민들이 단결하여 한 곳으로 몰려가는 그 힘은 세계 어느 나라에 비해서도 강력하다. 이런 민주화의 역동성이 2000년대의 촛불 시위들, 월드컵 응원 열기, 금 모으기 운동, 태안 기름 유출 복구 자원봉사(세계를 놀라게 할 만큼의 숫자였다고 한다) 등으로 이어졌다. 한국이 이룩한 급속한 경제 성장 그 자체도 사실은 정부와 국민이 합심이 된 이런 휩쓸림의 힘이었다고 말할 수 있을 것이다. 좋은 말로 신바람, 추진력이라고 할 수 있다.

더 좁은 정치 현상에 국한하면, 노무현 후보를 당선시킨 노사모(노무현을 사랑하는 사람들) 현상과 취임 이후 노무현 대통령에 대한 저주에 가까운 비판, 그가 자살한 뒤에 일어난 추모 열기, 이 모든 서로 배치되는 현상들, 그리고 그 추세의 급속한 바뀜들이 그러한 정서적 휩쓸림의 한 표현이라고 볼 수도 있다. 그 뒤 이명박 후보에 대한 '묻지 마'식 투표 역시 그런 것의 일부로 볼 수 있다. 노무현 대통령에 대한 지지가 일종의 휩쓸림 현상으로 그를 대통령에 당선시켰지만, 이후 국민 대다수의 등 돌림은 그 역의 휩쓸림 현상을 보여주었다. 이를 이은 이명박 후보의 대통령 당선은 한국 대통령 선거에서 유례를 찾기 힘든 일방적 결과를 보여주었다. 이명박이 BBK 사건 의혹 등 문제가 많은 후보였음이 선거전 당시에 이미 판명되었지만, 유권자들은 노무현 정부에 대한 실망감과 이명박 측의 '경제 살리기' 공약에 현혹되어 후자에게 몰표를 안겨주었다. 방향은 반대였지만 노사모 현상과 비견되는 일종의 역동적인 투표 움직임이었다고 할 수 있다. 다만 노사모 현상이 비교적 조직에 바탕을 둔 것이었고 노무현이라는 새로운 세력에 대한 기대감을 표현한 것이었다면, 이명박 현상은 특정 조직과는 무관한 전유권자적인 현상이었고 경제 살리기라는 적극적인 비전에 대한 기대보다는 노무현 정부에 대한 실망감의 표현이었다는 차이를 볼 수는 있다.

2000년대 들어 두드러진 인터넷 문화, 인터넷 정치 역시 한국적 역동성의 한 표현으로 볼 수 있다. 인터넷 공간에서의 자유로운 의사소통과 토론, 활발한 댓글 문화, 또 그것이 낳은 여러 가지 부작용들도 정서적 휩쓸림과 무관하지 않다. 물론 이런 현상들이 한국에서만 나타나는 것은 아니지만, 한국에서 두드러지게 나타나고 있음은 사실이고, 그것은 한국의 특이한 사회정치적 조건의 결과인 것이다. 강원택(2007)은 한국 인터넷 정치의 중요성을 부각하면서 그 특징으로 이슈의 파편화와 개인주의, 감성의 정치, 감성적인 매체, 이슈의 연성화, 의제 설정 권력의 민주화 등을 들고 있다. 이러한 현상은 인터넷 매체와 기술의 발전이라는 요소와 더불어 단일·밀집사회, 또 작은 나라로서의 한국 사회의 중요한 특징을 반영하고 있다.[15] 위와 같은 현상들은 선진 정보 사회에서 비교적 보편적이나, 한국에서 특히 두드러져 보이고, 그것은 한국이 처한 독특한 사회문화적 조건의 산물이다. 즉, 단일사회적 문화, 사회적 집중성, 나라의 작음, 그리고 정보산업 발달의 결과인데, 정보산업의 발달 자체가 그러한 사회문화적 특수성에 힘입은 바 크다고 할 수 있다.

이명박 정부 당시 미국산 쇠고기 수입 반대 등의 쟁점을 둘러싸고 대규모 촛불 집회들이 수차례 열렸다. 이러한 집회를 휩쓸림 현상이라고 단정할 수는 없다. 그러나 아직 정치 제도를 통한 시민의 의사 전달이 한계가 있는 상황에서 이런 대중 집회는 국민들이 정치제도를 통하지 않고 직접 국가에 호소하는 한국 정치의 한 전통을 이어받았다고 할 수 있다. 김일영(2008, 52)은 촛불집회에 대해 "… 40년이 지난 지금 국회나 정당이 아니라 청와대로만 달려가려는 촛불시위대의 모습에서 우리는 헨더슨이 말한 '회오리바람' 같은 전통적(전근대적) 요소가 지속되고 있음을 볼 수 있다."고 하여 부정적으로 묘사하고 있다. 그러나 부정적이든 어떻든 그것이 한국 정치 문화의 한 특징임을 그도

15) 작은 나라라는 측면은 임현진도 포착하였다(임현진 1999).

간파하고 있다.

한국 정치와 사회에서 흔히 발견되는 휩쓸림 현상은 한국인의 단일 사회적 문화와 나라의 작은 규모, 그리고 밀집된 사회 환경 등의 영향으로 보인다. 작은 나라에서 동질적인 사람들이 집중되어 사는 환경은 구성원들의 행동이 휩쓸리는 현상을 자연스럽게 유발할 수 있다. 이런 관찰을 학술적으로 증명하기 위해서는 다른 여러 나라들과 비교해 보아야 하겠으나, 이 시점에서 그것은 불가능해 보인다. 글쓴이가 아니라 다른 어느 학자라도 마찬가지이다. 이런 문제에 대한 연구의 축적이 전혀 없기 때문이다.

〔 제**4**장 〕

인물 정치와 당파싸움, 응집성과 안정성:
한국 정치의 특징적 현상들(2)

제4장 인물 정치와 당파싸움, 응집성과 안정성:
한국 정치의 특징적 현상들(2)

앞 장에 이어 이 장에서도 한국 정치의 특징적
현상을 서술한다. 여기서 다룰 현상은 인물 정치와 당파싸움, 응집성
과 안정성이다. 두 쌍 안의 요소들은 서로 밀접하게 관련되어 있다고
할 수 있다. 곧, 인물 정치와 당파싸움은 동전의 양면이고, 응집성과
안정성도 뗄 수 없는 관계에 있다.

I. 인물 정치와 제도화의 부족

근대 정치 제도의 역사가 짧은 곳에서는 제도가 뿌리를 내리지 못하고 힘 있는 인물들이 이를 좌지우지하게 된다. 서양에서 시작된 근대 정치 제도 자체가 오랫동안의 투쟁 결과물이었다. 이런 의미에서 정치 제도가 자리 잡지 못하고 인물 정치가 지배하는 현상에서 어느 것이 원인이고 어느 것이 결과인지를 밝히는 것은 무망한 일이다. 사실 이 두 현상은 서로 다른 현상이 아니고 같은 현상의 다른 측면에 불과하다. 현대 정당 제도가 뿌리내리기 전에 유력한 인사들이 정치를 좌우한 것은 모든 나라에서 마찬가지였다. 그래서 근대 정당을 분류할 때에도 명사 정당 등의 용어가 나오게 된다. 그렇다면 한국의 정당이나 다른 정치제도들이 제도의 법칙과 원리로 뿌리내리지 못하고 힘 있는 인물들이 좌우해 온 것은 인류 역사의 보편 법칙인 것처럼 생각할 수 있다. 그러나 한국에는 그런 '보편 법칙'이 잡아내지 못하는 한국의 독특한 면모가 있을 것이고, 그것을 밝히는 일은 의미 있어 보인다.

1. 인물 정치의 성격

한국 정치에서 인물 정치가 지배하는 것은 여러 측면에서 살펴볼 수 있다. 우선 한국의 인물 정치는 중앙집권 정치의 한 면모로 생각할 수 있다. 앞서 서술한 한국 정치의 쏠림 현상 중 하나이다. 한국에서 권력과 부의 중앙 집중은 최근까지 권력의 개인 집중과 맥을 같이 해

왔다.

대한민국 건국과 동시에 도입되었던 자유민주주의체제는 이승만의 가부장적 일인 지배로 점점 퇴보하였다. 5.16 쿠데타 이후 수립된 군사정권은 이승만 정권보다 더 체계적인 무력과 조직력에 입각한 박정희 일인 장기집권체제로 전락하게 되었다. 한국에서 일인 장기집권체제가 가능했던 것은, 첫째로 그만큼 권위주의 국가에 대한 시민 사회의 저항이 미약했기 때문이었고, 둘째로 집권 세력 안에서도 개인 독재자를 견제할 만한 제도적인 기반이 없었기 때문이었다.16) 이러한 정치 권력의 개인화는 1987년 군부독재체제가 무너지고 정치적 민주화로 들어선 뒤에도 이어져서 이른바 '3김씨'가 정치와 정당을 마음대로 주무르게 되었다. 따라서 한국 정치권력의 집중성은 비단 국가나 집권 세력에 의한 권력 독점만이 아니라 더 나아가 개인 지배자가 권력을 독점하는 개인지배체제라는 특징을 보였다.

권력의 개인 집중은 정치 제도의 미발달을 의미하는 바, 그중에서도 한국 정치에 특히 중요한 것은 정당이라 할 수 있다. 해방 후 지금까지 한국에서 정당이 몇 개나 생겼다 사라졌는지 정당 전문가도 아마 헷갈려서 일일이 세어보아야 할 것이다. 군소 정당을 빼고 주요 정당들만 해도 그렇다. 집권당만 해도 만만찮다. 자유당-민주당-공화당-민정당. 그 뒤는 정치학자인 나도 한참 생각해 보아야 한다. 신한국당? 아니, 민자당이다. 그 다음이 신한국당, 민주당, 이렇게 되나? 그래도 독재자들이 오래 지배한 덕분에(?) 정당의 부침을 조금은 줄였는데, 민주

---

16) 개인적 권위주의 정권과 제도적 권위주의 정권의 차이에 대해서는 김영명(1985) 참조.

화 이후에는 더 정신이 없다.

왜 이렇게 집권당조차 정신없이 생겼다 없어졌다 할까? 그것은 바로 권력이 한 사람에게 집중되어 있었기 때문이다. 얼마 전까지, 다시 말해 김대중 대통령 퇴임 때까지 한국 정치의 가장 큰 특징은 권력의 일인 지배에 있었다. 노태우 시절만 제외한다면 말이다. 김영삼, 김대중 정부는 민주 정부였지만 양김씨는 각자의 세력 안에서 절대 군주와 흡사한 권력과 지위를 누렸다. 물론 다른 나라에도 이런 현상이 있지만, 한국도 이런 점에서는 빠지지 않는다. 그것은 그만큼 개인 권력을 견제할 경쟁 세력의 힘이 약했기 때문이다. 집권세력 내부에서도 그랬고, 외부 곧 야당이나 민간사회에서도 그랬다. 그만큼 국가 권력과 개인 지배자가 대항 세력이 미처 성장하기 전에 권력과 강압 수단을 확보했기 때문이었다. 여기에도 원초적 구분(민족, 종교, 언어 등)에 바탕을 둔 대항세력이 없었던 한국의 단일성이 상당한 역할을 했다.

어쨌든 그런 이유 때문에 한국의 정치와 정당은 이승만의 자유당, 박정희의 공화당, 전두환의 민정당이었지 그 반대는 아니었다. 마찬가지로 김대중의 국민회의였고 김영삼의 통일민주당이었지 거꾸로는 아니었다. 그러니 새 권력자가 들어서면 이전 권력자의 정당을 없애고 새 당을 만드는 것이다. 그만큼 당이 당이랄 게 없었던 것이 한국 정치의 역사다. 이후 노무현 정부 시대에 들어서면서, 군사 독재도 오래전에 사라졌고 이른바 '3김 정치'도 없어지니 새로운 정당 정치의 전통이 생기나 했으나 역시 또 다른 정당, 이른바 여당이 생겼다. 열린우리당이었다. 그런데, 노무현 대통령은 3김과 같은 절대 권력이 없어서 자기가 나서서 정객들을 평정하고 새 당을 만들지는 못했다. 오히려 주변 사람들이 나섰고, 자신은 한동안 입당도 하지 못하였다. 그만큼 노무현의 권력은 미약했다. 정당 정치의 발전을 위해서는 옳은 방향으로 갔지만, 과도기의 지도력 부재가 오히려 문젯거리였다. 개인 권력을 대체해야 할 것은 민주제도적 권력이지 권력의 공백이 아니기 때문이다.

한국 정치가 인물 정치 위주인 까닭은 무엇보다 역사적으로 해방 후 정치제도가 미처 뿌리내리기 전에 개인 지배자들이 장기 권력을 확보할 수 있었기 때문이다. 그런데 이에 그치지 않고 인물 위주의 정치가 민주화 이후에도 지속될 수 있었던 원인으로는 연고주의와 사적 관계가 지배한 유교 문화의 전통을 들 수 있다. 이는 흔히 지적되는 현상이고 이 책의 주제에서 벗어나는 사항이라 논의를 생략한다. 이와 동시에 이념의 획일성과 단일사회적 전통에 따른 쏠림 현상 등도 다시 꼽을 수 있다. 지역이나 인종에 따른 다원주의가 존재하지 않아 전국을 장악하는 개인 지배자가 군림할 수 있었던 사실도 인물 정치를 강화시키는 요인으로 작용한 것으로 보인다. 다원·균열 사회에서도 각 힘의 핵을 장악하는 인물이 있을 수 있지만, 그 경우 그러한 인물이 복수로 존재하기 때문에 특정 인물의 권력은 상대적으로 제한될 수밖에 없다. 한국의 인물 정치는 한국에서 분단, 압축 성장, 단일사회 문화 등 한국의 특수한 조건들의 직접적인 결과라고 보기는 어려울지 몰라도, 동시에 그 조건들이 간접적이나 중요한 영향을 끼쳤다고 볼 수 있다.

그런데 한국에서 인물 정치의 성격은 시대에 따라 변해왔다. 이전 독재 시절과 3김 정치 시대에는 '일인지배'체제라는 형태의 인물 정치였다면 그 이후에는 덜 지배적이고 바뀌어가는 지도자를 중심으로 한 '계파 정치'가 한국 정치의 특징으로 자리 잡았다. 이러한 인물 정치의 변화와 이에 따른 당파싸움의 성격 변화는 앞으로 더 탐구되어야 할 재미있는 연구 대상이다. 일인지배체제에서는 권력 경쟁 구조가 비교적 단순하여 정부 여당 세력과 야당 세력의 대결 구도였다면, 이후의 계파 정치 시대에는 그것이 더 복잡하여져서 위 대결 구도에 덧붙여 여야 각 세력 안에서의 계파 경쟁이 덧붙여지게 되었다. 계파의 수장들은 이전의 일인 지배자와 같은 힘을 가지지는 못하나, 대결 구도가 정책보다는 사적인 이익 구도와 인맥 구조로 이루어지는 것은 이전과 다르지 않다.

민주화 이후 한국 정치발전의 으뜸가는 저해요인으로 꼽혀 온 지역주의도 크게 보면 사실 인물 정치의 한 파생물이라고 볼 수도 있다. 한동안 기세를 떨친 한국의 지역주의는 지역 맹주를 중심으로 한 지역 당파싸움이었다고 규정할 수 있는 것이다. 이 문제는 이 책의 여러 곳에서 다루기 때문에 여기서는 더 이상의 설명을 생략한다.

2. 인물 정치와 정치인의 자질

그런데 역설인 것은 한국 정치가 이렇게 인물 위주의 정치이면서도, 그 인물들의 자질은 뛰어나지 못하다는 점이다. 일반적으로 보아 한국 정치인 전체의 자질이 부족하다. 그렇게 된 하나의 원인은 정치 지도력을 배양하지 않아도 연고주의, 고객주의 등을 통해 정치적 출세가 가능하기 때문이다.

개인 정치 지도자의 역할과 비중은 한국 정치가 다원화·민주화되기 이전에 더 강하였다. 이승만과 박정희의 비중이 요즘 대통령의 정치사회적 비중에 비해 비교할 수 없이 컸던 것은 말할 필요도 없다. 그만큼

사회와 정치 전반의 양적·질적 성장이 미흡한 상황에서는 개인 지도
자의 비중과 권력이 클 수밖에 없었다. 그래서 당시의 인물 정치는 특
히 일인 지배의 성격이 강하였다. 이런 상황에서는 개인의 역량과 지
도력이 정치 과정뿐 아니라 국가 전체의 앞날에 큰 영향을 미칠 수밖
에 없었다. 또 그만큼 정치가 독재화할 가능성도 컸고, 실제로 한국
정치는 오랫동안 권위주의 독재의 아픔을 맛보았다. 그러한 독재 권력
의 행사가 과연 정치 지도력이 컸다는 증거가 될 수 있을지에 대해서
는 다양한 의견이 있을 수 있다. 그것이 정치 지도력이라기보다는 독
재적인 통치력 또는 사회 장악력이라고 볼 여지가 더 컸기 때문이다.

사회가 더 복잡해지고 정치도 민주화된 이후에는 그러한 막강한 개
인 지도자 또는 지배자가 설 자리가 없어졌다. 그만큼 개인 지도자나
특정 정치 파벌의 상대적인 정치적 위치가 작아졌다. 한 마디로 지도
자의 위상이 이전에 비해 작아진 것이다. 그러나 그렇다고 하여 정치
지도력 자체가 반드시 작아지라는 법은 없다. 민주주의체제에서는 그
에 걸맞은 민주적 지도력이 배양, 발휘되어야 하기 때문이다. 이승만,
박정희와 같은 권위주의적 지도력과는 달리 민주적 지도력은 사회 정
치의 다양한 이해관계와 이념, 정책 대안들의 경쟁을 인정하고 서로
다른 대안과 서로 다른 힘 중심 사이에서 타협과 절충을 통해 최적의
또는 덜 나쁜 결과를 창출하도록 주도, 지도하는 능력이다. 그러한 타
협과 절충은 국민 차원에서는 선거나 다양한 다른 방식의 국민 참여를
통해, 정치권 안에서는 국회, 정당 제도, 그리고 다른 여러 다양한 장
치들을 통해 이루어진다. 민주적 지도력은 이러한 과정들을 창출하고
진행하며 방해 요인들을 제거한다. 더 바람직하게는 국가와 사회의 앞
날에 대한 비전을 제시하고 반대세력까지 끌어안으면서 이러한 타협

과 절충의 과정을 주도해 나간다. 그것이 이상적인 민주 지도력이다. 그리고 그러한 민주 지도력을 정치 지도자들이 배양해야 한다.

한국 정치에서 역설적인 것은 정치 과정은 인물들의 사적 또는 파벌적 연고에 따라 크게 좌우되면서 정작 그 정치 인물들의 질과 지도력은 낮은 수준이라는 데 있다(이갑윤·이혜영 2014, 156-160). 여기에는 여러 가지 요인들이 작용하겠지만, 무엇보다 현대 민주 대의 정치의 역사가 짧아 민주적 정치 지도력이 미처 성장하지 못한 것이 가장 근본적인 원인일 것이다. 여기에 지금까지 논의해 온 한국적인 여러 특성들, 곧 분단 상황, 압축 성장, 단일사회 문화, 또 이 책의 주제는 아니지만 유교적인 연고주의 등등이 여러 방식으로 작용해 왔다고 생각할 수 있다.

정치인들의 낮은 수준은 한국만의 문제가 아니고 선진 민주주의 사회에서도 자주 지적되는 문제이다. 가장 능력 있거나 가장 도덕적인 사람이 정치라는 직업을 택하지 않는 것이 근본 원인일지 모른다. 여기서 능력이란 인간과 사회에 대한 판단력, 문제 해결 능력, 비전 제시 능력, 타협과 협상의 능력 등 다양한 자질을 말하고(김영명 2007, 제5장; 베버 2011), 도덕적이라는 것은 전혀 때 묻지 않은 천진무구함을 의미하는 것이 아니라 공인으로서 마땅히 갖추어야 할 양심과 법 의식, 그리고 사회적 책임감을 말한다. 정치인, 그중에서도 특히 고위 정치인으로 살아남으려면 위와 같은 자질보다는 치열한 정치 투쟁을 이겨낼 정신 자세와 싸움을 마다하지 않고 즐길 수 있는 적성을 지녀야 하는데, 자질은 없고 싸움의 적응력만 갖춘 사람들이 고위 정치 지도자가 되는 현실은 한국뿐 아니라 민주 정치체제 또는 정치체제 전반의 보편적인 특징인지도 모른다. 이런 문제는 이 책의 주요 주제가 아니므로 이 정도로 그치기로 한다. 단지 다시 강조하고자 하는 점은 한국 정치가 인물에 좌우되는 정치이지만 그 인물들의 수준이 그리 높지 않은 것이 한국 정치가 당면한 주요 문제 중 하나라는 사실이다.

Ⅱ. 당파싸움

인물 정치의 지배 또는 정치 제도의 부진은 한국의 정치가 정책 경쟁이 아니라 권력 그 자체나 정파의 자기이익을 위해 싸우는 당파싸움에 의해 좌우되는 현상과 직결된다. 어느 것이 원인이고 어느 것이 결과인지를 따지기가 어려울 정도로 둘은 한 몸을 이루고 있다. 앞에서 지적한 바와 같이 정당 구분의 이념적 기반이 약하다 보니 정책이나 이념 경쟁보다는 정파들의 적나라한 권력 투쟁이나 이익 싸움이 한국 정치를 지배하게 된다. 흔히 "한국 정치는 3류"라는 말이 설득력을 얻고 국민들의 정치 혐오가 고조되는 것은 바로 이런 까닭에서이다. 이런 상황에서는 거꾸로 이념이나 정책 차이에 기반을 둔 이념 정당, 정책 정당의 발달 역시 지연될 수밖에 없다. 악순환의 고리라 할 수 있다. 헨더슨 식으로 말하면 권력의 다양한 중추가 없고 중앙의 단일 핵이 지배하는 상황에서 중심을 장악하기 위한 향한 정파들 사이의 권력 투쟁이 한국 정치의 중요한 모습인 것이다(헨더슨 2000). '단일사회'적 상황이다. 이런 상황에서 정당들은 사회에서 점점 다양하게 분출하는 각종 이익들을 대표하지 못하게 되고, 그 까닭에 촛불 시위 등 비제도권 정치가 분출하게 된다.

한국에서 정당 정치가 제대로 자리 잡지 못하는 까닭은 여러 가지가 있겠지만, 다음과 같이 정리해 볼 수 있다. ①분단과 냉전의 유산으로 이념이 획일적이어서 다양한 이념과 정책의 정당들이 나타날 수 없었다. ②개인 통치 유산, 인물 정치의 전통이 정당 제도화를 어렵게 만든다. ③단일사회적 특성이 이념 쏠림을 부추기고 정파들이 지역주의, 연고주의, 당파싸움을 통해 권력 투쟁으로 일관하는 사회문화적 조건을 제공한다. 그리고 ④연고주의, 사적 관계 위주의 유교적 문화 유산도 한 작용을 한다. 이 가운데 ①②는 개선 가능하지만 ③은 개선이 어렵고 ④는 그 중간쯤에 해당한다고 할 수 있다.

그런데 그동안 한국에서는 정당을 비롯한 정치제도의 발달을 가로막는 주요 요인이 바뀌어왔다. 즉, 처음에는 독재자나 개인 권력자(이승만, 박정희)의 일인지배가 정당 발달을 가로막았다. 이 시기는 한국에 현대 정치 제도가 도입된 초창기여서 정치 제도들이 제 구실을 하지 못하고 강력한 지배자의 힘에 좌우되었다. 그래서 이승만의 가부장적 지배와 박정희의 개인적 군사 권위주의 지배가 오랫동안 이어졌다. 인물 정치의 절정이라고 볼 시기였다. 그 이후 전두환 정권을 거쳐 군사 정권이 물러나고 민주화가 되자 양김 정치가 그 자리를 대신하게 되었다. 그 두 사람은 이승만, 박정희와 같은 전방위적인 권력을 휘두를 수는 없었지만, 자기 정당이나 자기 계파 안에서는 절대적인 권력을 휘둘렀다. 한국 인물 정치의 제2라운드였다고 할 수 있다. 노무현 대통령 당선 이후 두드러진 개인 지배자의 퇴조는 한국에 인물 정치 약화를 위한 환경을 제공하였다. 실제로 이전의 막강한 개인 지배자는 더 이상 한국 정치에서 나올 수 없는 상황이 되었다. 그만큼 정치 제도가 성장하였다고도 할 수 있겠다.

그런데 최근에 와서는 또 다른 성격의 정당 위기론이 제기된다. 정당의 국민 대표성과 효능성이 의심받고, 정당 제도화를 방해하는 계파 정치가 기승을 부린다. 그리고 인터넷이나 무정형 시민들, 그리고 시민사회 단체 활동들이 정당 제도에 대한 도전으로 부상하였다. 여기서 이 논점들을 다룰 수는 없고, 각각의 전공자들에게 흥미로운 연구 과제를 추천하는 것으로 가름하고자 한다.

곽진영(2009)은 한국 정당 위기의 좀 더 구체적인 원인을 제시한다. 한국 정당의 이합집산이 심하고 정당 체계가 불안정한 원인으로, 다당제하에서 대통령 5년 단임제가 가지는 취약한 대표성과 책임성, 한국 정당의 선거 전문가 정당적인 성격, 정당 내 파벌의 존재 등을 들고 있다. 이런 미시적인 분석은 정당 전문가들의 몫이다. 정당 비전문가인 글쓴이는 그렇게 된 거시적인 조건들에 주목한다. 김용호(2002)는 곽진영보다 더 종합적으로 역사적 요인(권위주의 정권의 유산), 정치문화적 요인(인치, 연고 위주, 수직적 인간 관계), 제도적 요인(행정부 우위) 등의 요인을 제시한다.

마지막으로 덧붙이고 싶은 말은, 그래도 한국 정치제도들은 유신체제 이후 위에서 열거한 저해 요인들에도 불구하고 부족하고 느리나마 꾸준히 성장하여 왔다는 사실이다. 그 속도가 다른 사회 변화의 속도에 비해 너무 느린 것이 관찰자들의 마음을 답답하게 하고 있는 것이다. 바로 위와 같은 방해 요인들 때문이다.

한국의 정당 정치가 제대로 작동하지 않는다는 사실은 곧 한국 정치가 당파싸움으로 일관된다는 사실을 말하기도 한다. 여기서 말하는 당파싸움은 정당 사이의 싸움과 정당 안 계파들 사이의 싸움 모두를 말한다. 그리고 그 싸움은 정책에 관한 정당한 싸움이 아니라 계파의 권력 배분이나 사적인 이익 다툼이 대부분이라는 의미에서 당파싸움이다. 이 이름은 조선 시대의 이른 바 '사색 당파'를 연상시키는 부정적인 의미를 안고 있다. 다른 말로는 파벌 정치라고도 할 수 있다. 이런 당파싸움은 사실 모든 나라의 정치에 어느 정도든 존재하는 것이다. 그러나 선진 정치와 후진 정치의 차이는 그런 당파싸움이 정치의 대부분을 차지하느냐 아니냐의 차이일 것이다. 한국의 경우 아쉽게도 후자에 속한다는 것이 필자의 판단이다.

그런데 이런 당파싸움의 지배는 사실 각 제도권 정치세력 사이에 정책이나 이념이 큰 차이가 나지 않는다는 데에 한 중요한 원인이 있다. 2015년 한국의 경우 정부 여당인 새누리당과 야당인 새정치연합의 경우 정책 차이가 나는 부분은 미세하고 구체적인 부분들뿐이다. 한미 동맹의 구조, 복지 국가의 방향, 한일 관계 개선 등등 큰 방향에서 별 차이가 없다. 차이가 있는 곳은 초중등생 무상 급식(그것도 일부 인사들만 차이를 보인다), 국민 연금 개혁 중 일부분 사안들 등등 미세한 곳들이다. 이들의 사회경제적 이념 정향은 보수이거나 중도 보수로서 별 차이가 없다. 북한에 대한 태도에서 강경과 온건 정책의 차이가 있으나 실제로 새정치연합이 대북한 강경 정책을 펼치는 박근혜 정부에 대해 대북한 유화 정책을 명백하게 요구하지도 못하는 상황이다. 대북한 정책 역시 여나 야나 큰 차이가 없다는 증거이다. 이런 상황이니 정당들이 정책으로 대결하는 것은 원초적으로 불가능에 가깝다. 그 결과 정책 대결이 아니라 권력 그 자체를 위한 싸움과 이익 투쟁이 한국 정치의 근간을 이루고 한국 정치 현실의 대부분을 차지할 수밖에 없다.

이런 점은 사실 정치권뿐 아니라 시민사회 차원에서도 마찬가지이다. 시민사회의 정치화도 큰 틀에서의 이념, 정책 대결이 아니라 미세한 정책 사안에서의 이익 투쟁과 권력 경쟁이 대부분이다. 이를 파고들면 결국 한국의 단일사회적 특징과 분단 현실이 이념의 쏠림을 유발하고 이념의 쏠림이 정책의 단조로움을 유발하고, 그것이 결국 정책 경쟁이 아니라 당파싸움의 만연을 유발한다고 볼 수 있는 것이다.

III. 응집성과 안정성

응집성과 안정성은 한국 사회의 특수한 구조 속에서 나온 한국 정치의 한 특징으로 보인다. 세계 여러 나라들과 비교할 때 한국 사회는 응집성이 강하고 비교적 안정되어 있다. 물론 안정성의 경우 선진국들에 비해 떨어지는 모습을 보일 수도 있으나, 비슷한 발전 단계에 있는 다른 나라들과 비교하여 정치체제의 안정성은 분명히 존재한다고 할 수 있다.

1. 응집성

한국의 단일사회적 조건이 사회 구성원들 사이의 응집력을 키운다. 분단 상황과 압축 성장은 그들 사이의 갈등과 계급화, 분열을 조장하는 경향이 있지만, 단일사회적 요소가 이를 크게 상쇄한다. 또 한국인들은 강대국에 둘러싸인 약소민족으로서 외국의 침탈을 많이 받았기 때문에 민족의식이 남달리 강하다. 한국 사람들은 단결할 줄 모른다는 오래된 자조가 있지만, 그것이 사실이라고 하더라도 이는 한국 사람들끼리 있을 때의 얘기지 외국과 관련되거나 국가 위기상황에서는 상황이 달라진다. 되풀이 얘기하지만, 한국 사회 구성원들 사이에는 원초적 분열이 없고 모두 '우리 의식'을 공유하기 때문에 응집성이 크고, 특정 상황에서 국민적 단합이 쉽다.

한국인의 응집성은 특정한 국가 상황에서 다시 나타나고는 하는데, 2002년의 월드컵 대회에서 보여준 국민적 단합과 열기가 대표적인 경우였다. 이는 직접적으로 정치적인 사건은 아니었지만, 나라 바깥을 향한 국민적 단합의 가능성과 함께 권위주의 선동이 쉬울 수 있는 한국인의 기질을 함께 보여주었다. 비슷한 상황이 외환 위기 이후에 나타난 금 모으기 운동 같은 데서도 나타났다. 금 모으기는 경제 수치로 보면 별 의미 없는 행동이었지만, 심리적인 면에서 볼 때 역시 국민 단합과 그 부정적 측면인 집단주의나 권위주의의 가능성을 동시에 보여주었다. 이런 일을 외국에서는 보기 어렵다는 점에서 이 또한 한국의 단일사회적 조건을 잘 보여준 일이라 할 수 있다. 이런 여러 점들을 보면, 한국인의 응집성은 또 다른 속성들인 획일성, 집중성 즉 쏠림 현상과 상통하는 것으로 보인다. 이러한 응집된 행동은 일치된 단합이라는 긍정적인 측면이 있는 반면에 종종 '휩쓸림의 정치'라는 부정적인 결과로 나타난다. 이에 대해서는 앞 장에서 간단히 서술한 바 있다.

이러한 국민적 응집성은 정부 주도 산업화에서도 잘 나타났다. '조국 근대화' '총화 단결' 등의 구호를 앞세운 권위주의 정부의 산업화

주도를 국민들은 한 마음으로 비교적 잘 따랐다. 인권 탄압과 민주주의 훼손에 대해서는 저항도 있었지만, 국가 발전의 방향에 대해서는 강력한 저항이나 대안 제시가 없었다. 박정희의 국가 건설 주도는 1민족 획일 사회의 뒷받침을 받아 짧은 시간 안에 성공할 수 있었다. 우리 용어로 보면 단일사회적 '조건'이 응집성 '현상'을 부추기고 이것이 다시 압축 성장 '조건'을 낳았던 것이다. 이렇게 조건과 현상들이 상호작용한다.

이렇게 보면 한국인의 응집성은 권위주의 정부의 존속에도 상당히 기여했다고 할 수 있다. 정치 균열을 가져올 사회적 균열이 비교적 작으니 권위주의 정부나 독재자의 통치와 존속에 대한 도전이 그만큼 작았다고 할 수 있다. 물론 반독재 투쟁이 끊이지 않았지만, 사회적 균열에 따른 정치적 도전은 작았던 것이다. 개발 독재의 존속에는 한국인의 응집성도 한 몫을 담당했다고 할 수 있다. 이러한 응집성은 더 넓게는 개발 독재뿐 아니라 한국 정치체제 전반의 안정성에 이바지하였다.

그런데 흔히 우리는 한국인을 '모래알 민족'이라고 비하해 왔다. 또 한국 정치의 한 특징으로 파벌싸움을 들기도 한다(헨더슨 2000). 이 책 역시 바로 앞에서 당파싸움을 한국 정치의 한 특징으로 서술하였다. 이는 응집성과는 반대되는 현상으로 보인다. 그런데 둘은 과연 모순일까? 한국인이 단결하지 못하고 서로 시기하고 파벌싸움에 휩쓸린다는 지적은 사실일 수도 있고 아닐 수도 있다. 상황에 따라 다르기 때문이다. 한국인이 분열을 일삼는다는 비판은 일제 통치자들이 퍼뜨렸다. 그런데 피지배 민족은 독립 운동이나 일상생활에서 분열과 반목이 일어나기 쉽게 되어 있다. 힘과 돈이 모자라기 때문에 강력한 구심

점이 없고 지배자의 회유와 협박에 시달리기 때문이다. 또 가난한 후진 사회 역시 먹고 살 것이 모자라고 법과 제도, 사회윤리가 덜 발달했기 때문에 구성원들 사이에 시기와 반목, 분열이 일어나기 쉽다. 그러니 이런 역사적인 이유들 때문에 생긴 과거의 한국 경험을 지금에까지 일반화하기는 어렵다.

다른 한편, 조선 시대의 정치나 현대 한국 정치 모두 본질적으로 파벌 정치 또는 당파싸움 정치인 것은 사실이다. 그런데 그 까닭은 근본적으로 정파들의 구분이 민족이나 종교와 같은 원초적 이해 또는 이념이나 정책 같은 사회 발전의 대안에 입각해 있지 않기 때문이다. 그런 점에서 차이 없는 정파들이 자신의 좁은 이익을 위해 권력 투쟁하기 때문에 파벌싸움이 될 수밖에 없다. 이것은 한국인이 "분열과 파벌을 일삼는다."는 것과는 다른 뜻에서의 정파싸움이다. 이런 현상은 앞으로도 크게 달라지지 않을 것이다.

이런 점은 한국인의 응집성과 모순되지 않는다. 응집성이 이익의 분열마저도 부인하는 것은 아니기 때문이다. 한국인들은 1민족 사회에서 오래 살았기 때문에 민족 정서가 강하고 외부에서 위기가 왔을 때 단합하는 힘이 강함을 역사적으로 보여주었다. 최근의 사례들은 위에서 언급하였다. 이러한 응집된 모습이 압축 성장의 산업화와 민주화 모두에서 힘을 발휘한 반면, 다른 한편 외부에 배타적이라는 비판도 민족 안팎에서 받는다. 이런 응집성은 민족 내부의 일상적인 파벌 짓기나 당파싸움과 모순되지 않는다. 그 둘이 공존할 수 있고, 그것을 한국의 경우가 잘 보여준다.

2. 안정성

한국의 정치체제는 큰 변동을 겪었지만 다른 변동 사회에 비해 비교적 안정된 모습을 보여 준다. 자유민주주의로의 체제 변환이 끝난 지금, 한국 정치체제는 앞으로 큰 변화가 없는 안정성을 더 보여줄 것이다. 체제 안에서의 각종 갈등이나 혼란과 관계없이 그럴 것이다. 한국 정치가 본질적으로 안정된 정치라고 말하면 많은 사람들이 의아해 할 것이다. 한국 정치는 독재와 민주화 투쟁, 4월 봉기, 광주 항쟁 같은 커다란 변혁을 겪었을 뿐만 아니라, 지금도 여전히 소란스러운 당파싸움을 겪고 있기 때문이다.

이런 점에서 한국 정치는 혼란스럽고 또 그 변화는 역동적이었다. 그러나 여기서 말하는 안정성이란, 정치 갈등이나 여야 대결, 집단 시위, 개별적인 폭력 사태 등이 일어나지 않는다는 뜻이 아니다. 그런 사건들은 오히려 일상적이지만 그러한 사건들이 한국 정치의 큰 흐름을 변경할 정도는 아니라는 뜻이다. 정파들 사이의 이념적 차이가 크지 않으니 국가 발전을 둘러싼 대안들 간의 싸움도 크지 않다. 자유주의적 자본주의와 자유민주주의의 테두리를 벗어나는 정파는 미미할 정도다. 혼란하고 불안정한 다른 여러 나라들에서 보는 폭력적 계급 투쟁이나 종교 전쟁, 종족 갈등 등 극심한 이익 갈등은 존재하지 않는다. 정치적 불안이나 소란은 정파들 사이의 권력 투쟁이나 당파싸움에 국한된다. 거리시위가 있기는 하나, 이 또한 체제 자체에 대한 도전은 아니다.

물론 군부 쿠데타와 민주화 투쟁을 통한 체제 변동과 같은 큰 흐름을 우리는 경험하였다. 그러나 그런 큰 변동하에서도 한국은 사회주의

로 변한다거나 자본주의체제를 이탈하거나 하다못해 경제사회적 좌파
가 집권하는 일은 없었다. 그런 점에서는 자본주의체제의 안정성이라
고 볼 수 있다. 한국형 자유민주주의체제(그렇게 부를 수 있다면)의
안정성도 마찬가지로 말할 수 있다. 정치체제의 거대 변동이 일단 끝
난 지금 한국의 정치체제는 많은 사건이나 대결과 관계없이 비교적
안정된 모습을 보이고 있다. 물론 서구 민주주의체제와 비교하는 것은
아니다. 비슷한 발전 단계에 있는 체제와 비교해 보아서 불안하다고
볼 수는 없다.

한국 정치가 안정된 두 번째 증거는 그 변화가 기간으로 볼 때 상당
히 완만하게 이루어졌다는 사실이다. 이승만이 12년 집권하였고, 박정
희가 18년 집권하였다. 이런 식으로, 민주당 정부의 짧은 일화를 제외
하고는, 권위주의체제가 건국 이후 노태우 취임까지 40년가량 지속되
었다. 내란이 잦고 집권자의 강제 교체가 빈발한 다른 정치 후진국들
에 비해 한국 정치체제는 매우 높은 안정성을 누렸다. 물론 단일사회
가 아닌 곳에서도 독재자의 장기 집권은 나타난다. 중국이나 쿠바 등
혁명적 사회주의체제나 대만, 이집트 등 국가자본주의체제에서 볼 수
있다. 하지만 이들 체제도, 단일사회는 아니지만, 그렇다고 다양한 구
성원들이 각축하는 체제도 아니다. 하나의 민족이나 인종이 지배적인
곳이다.[17] 이런 점에서는 한국과 비슷하였다. 그렇지 않은 곳에서는
독재자의 장기집권이 불가능에 가깝다. 한국에서는 일인장기지배체제
가 확립되어 정권 교체도 자주 일어날 수 없었고, 그래서 특정 정권들

---

17) 대만은 원주민과 이주민의 갈등이 있지만 장제스, 장징궈 부자의 장기집권체제
   에서는 이주민의 힘이 압도적이었다.

이 반대와 저항을 억누르고 오래 지속될 수 있었다. 큰 차원의 정치 갈등은 주로 권위주의 현실과 민주주의 이상 사이의 갈등이었고, 이는 원초적 기반의 갈등, 예컨대 종족의 사활이 걸린 투쟁에 비해 그 정도가 약할 수밖에 없었다.

한국의 민주화 투쟁과 그 성취는 매우 역동적이었지만, 그 과정 또한 과거와의 급격한 단절이 아니라 점차적인 일종의 '진화'를 통해 이루어졌다. 먼저 군부 권위주의의 일원이었던 노태우가 국민의 압력에 못 이겨 민주화를 시작했다. 하지만 그는 여전히 군부 세력 출신이었다. 그 다음에는 야당 투사이던 김영삼이 구세력과 연합하여 정권을 쥐고 권력의 '민간화'를 완성했다. 또 그 다음에 한 단계 더 나아가 김대중이 한국 역사상 처음으로 평화적인 '정권 교체'를 이루었다. 민주주의의 단계적 진화다. 그리고 한 단계 더 나아가 노무현이 대통령에 당선됨으로써 일인지배체제에 종지부를 찍었다. 이렇게 보면, 한국 정치는, 여전히 많은 문제에 싸여 있지만, 적어도 민주화 과정에서 진화 모델의 모범을 보여준다고 아니할 수 없다. 그동안 권위주의로의 회귀 가능성에 대한 우려도 없지는 않았겠지만, 사실상 그 가능성은 크지 않았다. 비슷한 시기에 민주화를 이룬 다른 나라들과 비교할 때에도 한국의 민주화는 매우 안정된 단계적 진화를 이루었다고 할 수 있다.

한국 정치는 폭력의 정도를 보아도 다른 변동 사회에 비해 비교적 덜한 편이었다. 광주 항쟁에서 수백 명과 4월 봉기에서의 수십 명의 희생을 생각하더라도 독재 40년 동안의 희생으로 따지면 비슷한 발전 단계의 다른 나라보다 적은 편이다. 정치적 암살이나 테러도 해방 직후의 몇 건과 북한 공비 침투를 제외하고는 없는 편이다. 선진 민주사회에서는 정치 테러가 적은 것이 정상이지만, 미국, 스페인, 영국, 이탈리아 같은 나라들은 우리보다 많다. 인종, 민족이나 종교적인 분열 때문이다. 이렇게 보면 한국에 정치 테러가 적은 것에도 역시 단일사회적 조건이 크게 작용한다고 할 수 있다. 1민족 사회라 종족 사이에 투쟁할 일이 없고 인종 갈등이 일어날 일도 없으며 종교 전쟁도 있을 수 없는 사회이기 때문이다. 북아일랜드 분리 운동, 스페인의 바스크 분리 운동, 이라크의 수니파와 시아파의 충돌, 쿠르드 족 독립 운동, 미국의 인종 갈등, 심지어 동질사회라고 자처하는 일본의 재일 한국인 문제 등등, 이들 모두는 사회정치적 불안의 원천이다. 물론 스위스나 벨기에처럼 다른 민족들이 한 국가 테두리 안에서 큰 갈등 없이 공존하는 경우도 없지는 않으나, 일반적으로 말해 한국의 단일사회적 조건은 정치적 불안정을 줄이는 역할을 한다고 결론지을 수 있다.

그런데 여기에 빠뜨릴 수 없는 것이 역시 분단 현실이다. 그것은 한국 정치경제체제의 한계를 명백히 하여 체제의 안정성에 기여했다. 물론 세부적으로는 분단 요소가 부단한 정치·이념 갈등을 유발하였다. 좌우 이념 갈등의 주된 원인이 분단 요소 때문에 나왔다. 하지만 동시에 분단 요소와 북한의 존재가 한국에 좌파 세력의 힘을 약화시켜 체제의 안정에 기여했다. 이율배반적으로 보이나 반드시 그런 것은 아니다. 두 측면이 공존한다. 체제 차원에서는 분단 요소가 안정성에 기여했고, 체제 안의 더 세부적인 차원에서는 분단 요소가 정치 갈등을 부추겼다고 할 수 있다. 여기서 통일 변수는 예외이다. 통일은 그 과정과 결과 모두에서 분단이라는 조건 자체를 바꾸거나 없애는 아주 새로운 국면을 한국 정치에 제공할 것이고, 그래서 한국의 정치 지형을 크게 흔들어 놓을 것이다. 이 문제는 이 책의 논의 대상이 아니다.

그런데 이런 안정성이 반드시 좋은 것은 아니다. 정치가 안정되었다는 것은 그만큼 변화의 폭과 속도가 작다는 의미도 되기 때문이다. 민주주의 정치 제도가 확립된 곳에서는 정치 안정이 반드시 좋은 것이라고 할 수 있지만, 그렇지 못한 곳에서는 그렇게 말할 수 없다. 이는 문자 그대로 안정이 아니라 변화의 느림을 뜻하기에 더 그렇다. 한국 정치는 민주화를 향해, 그리고 개인 통치에서 제도적 정치를 향해 한 발 한 발 내디뎌 왔지만, 그 궁극적 지향점에는 명백한 한계가 있어 보인다. 이념의 폭이 좁고 사회 발전의 대안이 제한되어 있으며, 바람직한 정치체제의 궁극 지향점에 대한 국민 일반의 이해 역시 낮다. 한국의 정치경제체제는 미국 중심의 자유주의, 자본주의체제를 벗어날 수 없으며 유럽이나 남미에서 보는 것과 같은 비교적 다양한 선택의 기회가 없다. 그 중요한 까닭은 우리가 미국에 군사적·정신적으로 의존하고 있기 때문이지만, 단일사회적 조건이 그런 상황을 강화하고 있음도 사실이다. 한국 정치는 현대뿐 아니라 역사적으로 혁명적 변환을 겪은 적이 없고 앞으로도 겪지 않을 것이다. 정치 변화는 우리가 예상할 수 있는 한계를 벗어나지 않을 것이고, 그런 점에서 한국 민주주의는 안정과 모자람의 결합체가 될 것이다.

〔 제**5**장 〕

결론

제5장	결론

　　지금까지 우리는 한국 사회가 가진 고유한 특
징들이 한국 정치에 어떤 결과를 낳았는가를 살펴보았다. 다시 요약하
자면, 한국이 처하거나 경험한 조건들 즉 분단 상황, 압축 성장, 그리
고 단일사회 문화가 다양한 방식으로 한국 정치의 특성 즉 쏠림과 휩
쓸림, 인물 정치와 당파싸움, 그리고 응집성과 안정성을 유발하였다고
서술하였다.

　그러면 이러한 한국 정치의 성격은 앞으로 어떻게 바뀔 것인가? 그
전에, 그것들은 바뀔 수 있는 것인가, 아닌가? 바뀔 수 있다면 어느
정도 어떤 방향으로 바뀔 것인가? 여기서 질문이 하나 논리적으로 떠
오른다. 한국의 여러 조건들이 한국 정치의 특성들을 유발하였다면,

한국이 처한 조건들이 바뀌어야 정치적 특성들도 바뀌지 않겠는가? 이에 대한 대답은 반반이다. 다시 말해 한국의 조건들이 바뀌면 한국 정치도 바뀔 것이지만, 조건들이 안 바뀌더라도 정치의 특성들이 어느 정도는 바뀔 수 있다는 말이다. 왜냐하면 앞에서도 기회 있을 때마다 언급하였지만 한국 정치의 특성들은 이 책이 제시하는 그러한 조건들 말고도 다른 요인들에 의해서도 형성되었기 때문이다. 다만 그 다른 요인들을 이 책에서 본격적으로 다루지 않았을 뿐이다. 또 하나 강조할 점은 설사 독립변수('조건'들)가 종속변수('현상'들)를 결정하였다 치더라도, 정치의 변화는 그런 조건들에도 불구하고 인간의 의지로 상당 부분 이룰 수 있기 때문이다. 그 변화의 전망에 대해 간단히 살펴보자.

I. 변화의 전망

우선 '조건'들 중 변화 가능성이 작은 것부터 살펴본다.

첫째, 한국의 단일사회적 조건에는 큰 변화가 없을 것이다. 최근 들어 한국에 외국인이 많이 들어오고 있고, 그래서 한국이 다문화사회가 되어간다는 논의가 활발하고 경우에 따라 아미 다문화사회가 되었다는 말도 많다. 그러나 국내 거주 외국인의 비중은 인구 비율로 볼 때 지금 2%~3% 정도이다. 한 사회가 다문화사회라고 규정되기 위해서는 정주하는 외국인이나 소수 민족 인구가 전체 인구의 5% 또는 10%(주장에 따라 다르다) 이상이 되어야 한다. 이런 점에서 보면 한국은 아직 다문화사회가 아니다(임형백 2012a). 더구나 한국인의 구성원 중에서 소수 민족 집단은 존재하지 않고, 거주하는 외국인들도 대부분이 장기 체류자가 아니라 오고가는 단기 체류의 '외국인'들이다. 그 외국인들도 절반 이상이 조선족 중국 동포들이니 순수한 의미에서의 외래 민족은 통계 수치보다 훨씬 적다. 이런 사실 때문에 국내 거주 외국인들의 숫자가 늘어났다는 사실 자체는 한국이 근본적으로 단일사회라는 사실을 바꾸지 못한다. 설사 앞으로 외국인이 지금보다 훨씬 더 많이 들어온다고 해도 한국에 정치적으로 의미 있는 소수 민족 '정주 집단'이 존재할 가능성은 거의 없다. 그럴 가능성도 별로 없지만 재일 한국인 정도 규모의 집단이 앞으로 한국에 집단으로서 존재하게 된다고 하더라도, 그것이 한국의 민족적·문화적 특징이나 그 정치적 의미에는 별다른 영향을 미치지 못할 것이다. 재일 한국인이 일본 사회정치의 특징에 영향을 미치는 것보다 더 작은 의미밖에 가지지 못할 것이다.

이렇게 보면 어느 정도 완화된다고 하더라도 단일사회적 조건은 여전히 지속될 것이고, 거기서 파생하는 한국 정치의 특징들 역시 앞으로도 지속될 가능성이 크다. 특히 단일사회 문화에서 파생되는 쏠림과 휩쓸림 현상은 여전할 것이며, 더욱이 새로운 세대의 인터넷 문화 등은 지금보다 더 큰 정치적 의미를 지니게 될 것이다.

둘째, 분단 상황은 통일이 된다면 사라질 것이다. 통일의 과정은 한국 정치에 커다란 풍파를 가져올 것이지만, 그 주제는 이 책의 논의 밖이다. 어쨌든 그 이전에 한국에서 통일과 북한 문제를 둘러싸고 벌어지는 당파싸움은 지속될 것이지만, 그 정치적 파급력은 과거에 비해서는 줄어들 것이라 생각된다. 지금도 대북한 강경파와 유화파가 대립하고 있으며, 이를 둘러싼 남한 내부의 이념 갈등이 상당한 편이다.

이런 상황은 편차가 있겠지만 분단 상황이 지속되는 한 계속되리라 본다. 통일이 되기 전에는 분단 상황이 야기하는 여러 가지 한국 정치의 특징들이 지속될 것이다. 이념 쏠림과 체제 변화 가능성의 부재 등등이다. 응집성, 안정성도 분단 상황의 영향으로 지속될 것이고, 북한 문제를 둘러싼 당파싸움도 지속될 것이다.

셋째, 한국에서 압축 성장의 시대는 지났다. 이제 평균 경제 성장률이 한 해 2~3%가 되는 것이 정상인 상황이 되었다. 그러나 그동안 진행되었던 압축 성장의 여파, 즉 국가의 선제적 노동 통제, 계급의 정치화 미흡 등의 현실은 앞으로도 상당 기간 더 지속될 것이다. 시간이 지나면서 사회경제적 계급에 입각한 정치 균열이 본격화할 가능성이 없는 것은 아니지만, 계급 격차가 정치화되어 나타날 가능성은 별로 크지 않다. 각종 투표 결과에서 보이는 계급성은 하층계급보다는 오히려 상층계급에서 두드러진다. 이런 상황은 한국에만 있는 것은 아니지만 분단 상황과 압축 성장이 맞물린 한국에서 더 두드러진다. 앞으로 하층계급의 정치 의식화가 서서히 진행될 가능성이 있지만, 제도화된 계급 균열의 심화 가능성은 커 보이지 않는다. 계급 정당이 앞으로도 정권을 장악하거나 비중 있는 도전세력이 될 가능성은 크지 않다. 이렇게 정치의 계급화가 더딘 결과로 나타나는 인물 정치와 당파싸움의 만연도 앞으로 지속될 것으로 보인다.

넷째, 이렇게 보면 한국 정치의 독특한 현상들을 유발한 여러 조건들이 앞으로도 획기적으로 변할 가능성은 커 보이지 않는다. (통일이 된다면 그것은 또 다른 이야기가 될 것이다.) 따라서 앞으로도 정책 대결보다는 당파싸움이 여전히 제도권 정치를 지배할 것이고, 정당 정치가 제자리를 잡으려면 많은 시간이 필요할 것이다. 한국의 특수한 조건들이 변화하여 정치 현실을 바꿀 가능성은 그리 커 보이지 않는다는 말이다. 인물 정치는 지속될 것이고 지역주의도 사라지지 않을 것이다. 그러나 그 구체적인 내용들은 변할 수 있다. 인물 정치의 내용이 변하여 일인 보스 정치는 사라졌다. 지역주의 또한 유권자의 투표 성향으로는 의미를 지니겠지만, 일인 보스 정치와 결합한 원초적인 지역정서 표출로서의 강력한 지역주의는 이미 사라졌다고 볼 수 있다(김진하 2010). 한국 지역주의는 이제 고정 관념과 이념적 편견에 입각한, 미국의 '상징적 인종주의' 비슷한 상징적 지역주의 같은 것으로 변했다는 견해도 일리가 있어 보인다(김용철·조영호 2015).

결국, 위와 같은 조건들 때문에 한국 정치는 계급·지역·이념 쏠림, 인물 정치, 당파싸움, 정서적 휩쓸림, 응집성이라는 특징을 어느 정도든 유지할 것이다. 동시에 한국 정치는 크게 옆으로 빗나가지 않고 소란스러우나 비교적 안정된 길을 갈 것이다. 위의 조건들, 즉 분단, 압축 성장, 단일사회 문화가 한국 정치경제체제를 자유민주주의와 자유주의적 자본주의체제로 한정하고 그 바깥을 허용하지 않으며, 그 안에서의 다툼도 체제 자체를 흔들 수 있는 원초적인 갈등이 아니라 권력투쟁과 이익 다툼의 좁은 공간에 가두어 놓기 때문이다.

지금과 같이 논의를 하다 보면, 한국 정치의 특수성은 부정적인 것이 우세한 것 같이 보일 수 있다. 그러나 꼭 그렇지는 않다. 특정적 '현상'들에 대해, 용어를 사용하다 보니 쏠림, 휩쓸림, 당파싸움, 인물 정치 같은 표현들을 사용하게 되었지만, 그것들이 반드시 부정적인 것만은 아니다. 예를 들어, 한국 정치와 사회는 쏠림 즉 집중성의 폐해가 많지만 거꾸로 보면 그것이 사회정치적 응집성이라는 긍정적 측면으로 나타날 수도 있다. 휩쓸림 현상 역시 다르게 보면 국민적 응집성과 단결력의 한 표현이라고 볼 수 있으며, 또 한국 사회와 정치의 역동성을 반영한다고 할 수도 있다. 한국 국민들은 이러한 특유한 힘을 발휘하여 민주화와 산업화를 힘 있게 이루어낼 수 있었다. 마지막으로, 앞에서도 말했지만, 정치적·이념적 대안이 제한되었다는 지적도 거꾸로 보면 한국의 정치경제체제가 큰 변동 없이 안정된 길을 갈 것이라고 긍정적으로 해석할 여지도 있는 것이다.

한국 정치의 특수한 '조건'들의 장단점을 보자면, 우선 분단 상황의 장점이라고 말할 수 있는 것은 사실 없다. 굳이 든다고 하면 그러한 역경이 이를 이겨내려는 우리의 의지를 강화시켰다는 다소 억지스럽거나 부정적 의미에서의 장점이 있을 뿐이다. 자원이 부족한 국가가 이를 극복하기 위해 산업화에 매진하여 오히려 성공하는 것처럼 말이다. 압축 성장은 많은 부작용을 낳았지만 국민 경제와 생활수준을 크게 향상시켰다. 하지만 정치적으로는 본론에서 제시한 여러 가지 단점들을 낳았다. 이에 비해 단일사회적 조건은 단점 못지않게 장점이 많다. 무엇보다 사회정치적 안정에 유리하게 작용한다. 예를 들어 거기서 파생한 이념적 쏠림 현상은 국민 통합과 안정에 유리하게 작용한다. 하지만 동시에 획일성이 다양한 선택을 가로막아 민주화에 불리하게 작용한다. 권력 쏠림은 국민 통합, 안정과 제도화에 유리하게 작용하지만, 지방 균형 발전에는 불리하게 작용한다. 안정성은 그 자체가 정치 발전의 한 증거이다. 한국 정치는 앞으로 큰 난리를 겪지 않을 것이니 그 점은 한국 정치의 긍정적인 측면이다. 하지만 그 말은 한국 정치체제가 아주 이상적인 체제로 발전하지는 않을 것이라는 말도 된다.

마지막으로 강조할 점은, 위의 세 조건들이 한국 정치의 독특한 현상들을 불러왔지만 그것이 결정적인 것은 아니라는 점이다. 결국 행동

을 결정짓는 것은 구조나 조건이 아니라 '사람'이다. 그 사람이 자신이
처한 조건에 편승할 수도 있고, 때로는 그런 조건을 무릅쓰고 변화를
이끌어낼 수도 있기 때문이다. 말하자면 조건의 구속력을 사람의 의지
로 강화시키거나 거꾸로 약화시킬 수 있다는 것이다. 이 문제는 결국
환경/구조와 행위자의 의도/행동 사이의 관계를 규정하는 해묵은 논
쟁으로 가게 된다. 우리의 의도는 이런 논쟁에 빠지지 않는 것이다.
어느 쪽이 더 중요한지를 일반적으로 판별할 기준은 아무 데도 없다.
해당 사안에 따라 그때그때 판단할 수밖에 없는 노릇이다. 여기서는
단지 한국의 특수한 조건들의 규정력이 강하기는 하지만 행위자의 의
지와 노력이 한국 정치의 행로에 상당한 변화를 줄 수 있다는 점을
강조할 뿐이다.

그러면 앞으로 한국 정치는 어떤 행로로 가야 할 것인가? 이 질문은
매우 중요한 질문이기는 하되, 이 책의 주제는 아니다. 민주주의의 심
화, 국민 참여의 확대, 국민 행복의 증대, 갈등 조정 장치의 제도화,
통합적 리더십의 배양, 민주적 정치 문화의 확산 등등 일반적인 차원
에서 열거할 수 있는 수많은 과제들을 여기서 반복하는 것은 별 의미
가 없다. 이런 문제들은 각각 전문적인 분석과 처방이 필요한 문제들
이다. 이 책에서는 다룰 수 없지만, 만약 장래에 이 책의 논의를 연장
하여 이 문제들을 다룬다면, 이 책의 주제인 한국적 특수성과 이 문제
들이 어떻게 연결되는지가 논의의 초점이 되어야 할 것이다. 예컨대
한국 민주주의의 심화는 한국의 분단 상황과 단일사회적 환경에서 어
떤 방식으로 이루어질 수 있을 것인가? 또 압축 성장의 여파는 한국
정치의 갈등 조정에 어떤 방식으로 영향을 주는가? 이런 질문들에 대
한 탐구가 한국적인 정치학에서 하나의 근간을 이룰 수 있다. 그런 연

구들은 앞으로의 과제로 미룰 수밖에 없다.

II. 앞으로의 연구 과제

이 문제들은 자연히 앞으로의 연구 과제로 연결된다. 서두에서도 밝혔듯이 이 책은 하나의 시론이다. 앞으로 이 시론이 학술적인 틀을 더 갖추려면 많은 후속작업들이 필요하다. 우선, 여기서 사용한 개념들, 특히 쏠림이나 휩쓸림 같은 개념들이 사회과학적인 의미를 지니려면 더 정교하게 정의되어야 할 것이다. 이 개념들은 대체로 상대적이고 사회과학적인 엄밀성이 부족한 것이 사실이다. 앞으로 이런 방향으로 더 다듬어져야 한다고 본다. 이런 바탕 위에서 분석틀의 각 요소들을 측정하고 국가 간 비교가 가능한 기준을 세워야 할 것이다. 반드시 계량적으로 측정되지는 않더라도(그것은 아직 너무 먼 단계인지도 모른다.), 적어도 그 세부지표들에 대해 명확한 기준이 제시되어야 하리라 본다.

또, 여기서 제시한 각 조건들, 각 현상들, 그리고 그것들의 변화에 대해서 더 자세한 개별 연구들을 수행할 필요가 있다. 다른 나라와의 비교 연구도 필요하다. 과연 이 요소들이 얼마나 한국에 특수한 것들인지도 다시 점검할 필요가 있을지 모른다. 여기서 제시한 '조건'과 '현상'들이 한국적 특수성을 다 반영하는 것도 아니리라 생각한다. 연구자에 따라 다른 요소들에 주목할 수도 있다. 이 책에서 제시한 분석틀이 한국 정치의 특정 면모들을 이해하고 설명하는 데 얼마나 적절한지는 더 세부적이고 구체적인 연구를 통해 검증해야 할 것이다. 이런 방식을 통하여 이런 접근법이 좀 더 학술적 엄밀성을 갖출 수 있으리라본다.

그런데 이런 문제들은 사실 모든 비교정치학적 작업에 공통된 과제들이다. 앞선 주류 정치학 이론들에서는 이런 작업들이 비교적 충분히수행되었으나, 이 연구의 작업은 이제 시작일 뿐이기 때문에 아직 그런 단계에 이르지 못했다. 그러나 다른 측면에서 볼 때, 바로 그 점에서 이 연구의 가치를 찾을 수도 있을 것이다. '패권 과학'(김웅진 2009)의 엄밀성이 담보되지 않는다고 하여 우리가 상식적으로 느끼고 생각하는 정치 현상들을 학술 연구에서 원천 배제하는 것은 또 다른 의미에서 비학술적인 태도일 것이다. 이 책에서 제시한 여러 요소들이 바로 그런 것들에 해당하고, 그런 부분을 포섭하는 것이 한국 정치학의정체성을 세우는 한 방법일 것이다.

그런 작업은 어떻게 보면 아직 아무도 걷지 않은 미개척지를 처음으로 답사하고 개척하는 일과도 같다. 이 작은 발자취를 따라 후속 작업들이 이루어지면, 그것이 한국 정치의 여러 특수성들에 대한 연구라는독자적인 한 분야를 이룰 수 있으리라 본다. 또 이에 대한 국가 간비교 연구가 이루어진다면, 이를 통해 학문적 보편성도 어느 정도 획득할 수 있으리라 본다.

그러나 이런 말들이 제대로 실현될 가능성은 별로 없어 보인다. 기존 주류 정치학의 엄밀한 평가 잣대를 적용하면 개척적인 연구는 들어설 틈이 없다. 패권 과학이 지배하는 학문 세계에서 아무도 하지 않는초기 작업을 수행하는 일은 제대로 평가받지 못하고 싹이 잘리기 마련

이다. 더구나 그 일이 학문적 성공이나 학계에서의 취업에 방해가 된
다면 더욱 그럴 것이다. 그것이 지금 한국 학계가 처한 현실이다. 그러
나 한국 정치학이 독자적 정체성을 수립하려면 이런 초기 작업을 거칠
수밖에 없다. 한국적 정치학에 관한 담론만 무성하고 실제 연구 작업
이 미진한 상태에서, 이 연구는 그러한 작업의 첫걸음을 제시했다는
점에서 의미를 찾을 수 있을지 모른다.

참고문헌

먼저 이 책에서 활용하거나 이 책의 논의를 보충할 수 있는 글쓴이의
저술들을 소개하면 다음과 같다.

김영명. 1985. 『제3세계의 군부통치와 정치경제』. 서울: 한울.
_____. 1988. "한국의 정치 변동과 미국: 국가와 정권의 변모에 미친 미국의
　　　　영향." 『한국정치학회보』. 22:2, 2085-2114.
_____. 1992. 『한국 현대 정치사』. 서울: 을유문화사.
_____. 2002. 『우리 눈으로 본 세계화와 민족주의』. 서울: 도서출판 오름.
_____. 2005. 『신한국론: 단일사회 한국, 그 빛과 그림자』. 서울: 인간사랑.
_____. 2006. 『한국의 정치변동』. 서울: 을유문화사.
_____. 2007. "단일사회 정치론 서설." 『한국정치연구』 16:1, 59-80.
_____. 2009. "한국적 국제정치학의 실제 사례와 바람직한 방향." 『글로벌
　　　　정치 연구』 3:1, 7-36.
_____. 2110a. 『담론에서 실천으로: 한국적 정치학의 모색』. 파주: 한국학술
　　　　정보.

_____. 2010b. "한국의 정치와 문화: 연구 현황과 새로운 방향 모색."『비교민주주의 연구』 5:2, 67-103.

_____. 2011. 『단일사회 한국: 그 빛과 그림자』. 파주: 이담 북스.

_____. 2013a. 『대한민국 정치사』. 서울: 일조각.

_____. 2013b. "한국의 다문화 담론에 대한 비판적 고찰."『한국 정치외교사 논총』 35:1, 141-174.

> 그 밖에 참고한 연구 업적은 다음과 같다.

가상준. 2015. "한국 사회 정치 관용에 대한 연구."『한국정당학회보』 14:1, 129-156.

강원택. 2003. 『한국의 선거 정치: 이념, 지역, 미디어』. 서울: 푸른 길.

_____. 2007. 『인터넷과 한국 정치: 정당 정치에 대한 도전과 변화』. 서울: 집문당.

_____. 2009. "한국 정당 연구에 대한 비판적 검토."『한국정당학회보』 8:2, 119-141.

강준만. 2006. 『한국인 코드』. 인물과사상사.

_____. 2013. "한국의 '고밀도 커뮤니케이션'에 관한 연구: 인구 밀도와 사회적 커뮤니케이션을 중심으로."『정치·정보 연구』 16:1, 163-194.

고 원. 2009. "한국의 계급 불평등과 계급 정치의 구조: 공공성의 정치에 주는 시사점."『한국 정치 연구』 18:3, 29-60.

곽진영. 2009. "한국 정당 체계의 이합집산과 정당 체계의 불안정성."『한국정당학회보』 8:1, 115-146.

김동춘. 1997. "한국전쟁과 지배 이데올로기의 변화: 반공주의를 중심으로." 김동춘. 『분단과 한국 사회』. 서울: 역사비평사.

_____. 2000. 『전쟁과 사회: 우리에게 한국전쟁은 무엇이었나?』. 서울: 돌베개.

김용철·조영호. 2015. "지역주의적 정치 구도의 사회심리적 토대: '상징적 지역주의'로의 진화?" 『한국정당학회보』 14:1, 93-128.

김용호. 2002. "'정당' 없는 나라의 정당정치: 한국의 사당 정치 해결 방안." 배성동 편. 『정치란 무엇인가: 한국 정치학의 정체성을 찾아서』. 서울: 법문사.

_____. 2008. "한국 정당 연구의 학문적 정체성 확립을 위한 성찰." 『한국정당학회보』 7:2, 65-81.

김웅진. 2009. 『과학 패권과 과학 민주주의』. 서울: 서강대학교 출판부.

김일영. 2008. "'촛불시위'의 희망과 불안." 『철학과 현실』 79, 46-56.

김진균·조희연. 1985. "분단과 사회상황의 상관성에 관하여: 분단의 사회정치적 범주화를 위한 시론." 변형윤 외. 『분단 시대와 한국 사회』. 서울: 까치.

김진하. 2010. "한국 지역주의의 변화: 투표 행태와 정당을 중심으로." 『현대정치연구』 3:2, 89-114.

김학노. 2008. "국제정치(경제)학의 미국 의존성 문제." 『국제정치논총』 48:1, 7-34.

김학준. 2008. "1993년 이후 정치학 분야에 있어서 한국학의 흐름들과 특징들." 『한국 정치 연구』 17:1, 1-58.

나카네 지에 지음, 양현혜 옮김. 1996. 『일본 사회의 인간 관계』. 서울: 소화.

드라이젝, 존·패트릭 던리비 씀, 김욱 옮김. 2014. 『민주주의 국가 이론: 과거 뿌리, 현재 논쟁, 미래 전망』. 서울: 명인문화사.

드루, 웨스턴 지음, 뉴스위크 한국판 옮김. 2007. 『감성의 정치학』. 서울: 뉴스위크 한국판.

박명림. 2002. 『한국 1950 전쟁과 평화』. 서울: 나남.

박종민. 2008. "한국 정치문화." 한국정치학회 편. 『정치학 이해의 길잡이: 한국 정치』. 서울: 법문사.

백창재·정병기. 2007. "로스의 논의를 통해 본 한국 사회과학의 정체성 모색."『한국 정치 연구』16:2, 1-25.

베네딕트, 루스 지음, 김윤식·오인석 옮김. 2002. 『국화와 칼: 일본 문화의 틀』. 서울: 을유문화사.

베레진, 마벨. 2012. "감정과 정치적 정체성: 정체를 위한 감정 동원." 제프 굿윈 외 엮음, 박형신·이진희 옮김. 『열정적 정치: 감정과 사회 운동』. 서울: 한울.

베버, 막스 씀, 전성우 옮김. 2011. 『직업으로서의 정치』. 서울: 나남.

서병훈. 2008. 『포퓰리즘』. 서울: 책세상.

서희경. 2001. "대한민국 건국기의 정부 형태와 운영에 관한 연구."『한국정치학회보』35:1, 83-104.

설 한. 2014. "다문화주의의 이론적 퇴조 원인 분석: 문화 개념과 규범성 문제를 중심으로."『현대정치연구』7:1, 81-106.

손호철. 1991. "한국전쟁과 이데올로기 지형: 국가, 지배연합, 이데올로기 지형." 손호철 외. 『한국 전쟁과 남북한 사회의 구조적 변화』. 서울: 경남대 극동문제연구소.

신광영. 2004. 『한국의 계급과 불평등』. 서울: 을유문화사.

어수영. 2004. "가치변화와 민주주의 공고화: 1990-2001년간의 변화 비교 연구."『한국정치학회보』. 38:1, 193-215.

엄상윤. 2010. "21세기 한국 정치사회의 갈등 구조와 양상: 한국적 '이중 딜레마' 정책 노선 갈등의 양극화·치열화."『세종 정책 연구』6:2, 241-272.

웨스틴, 드루 지음, 뉴스위크 한국판 옮김. 2007. 『감성의 정치학』. 서울: 뉴스위크 한국판.

이갑윤·이혜영. 2014. 『국민이 바뀌어야 정치가 산다』. 서울: 도서출판 오름.

이내영. 2011. "한국 사회 이념 갈등의 원인: 국민들의 양극화인가, 정치엘리트들의 양극화인가?"『한국정당학회보』 10:1, 251-287.

이완범. 2005. "분단 국가의 형성 1: 미군정과 대한민국의 수립." 한국역사정
치연구회·김용직 편.『사료로 본 한국의 정치와 외교: 1945-1979』.
서울: 성신여대 출판부.

_____. 2006. "21세기 세계화 시대 한국의 열린 민족주의와 동북아시아 평
화."『국제 평화』 3:2, 47-78.

이용재·이철순. 2006. "한국 정치학의 탈식민성 담론에 대한 서지적 고찰."
『한국 도서관, 정보학회지』 17:1, 83-107.

이현출. 2005. "한국 국민의 이념 성향: 특성과 변화."『한국정치학회보』.
39:2, 321-344.

이호재 외. 2005.『한국적 국제정치 이론의 모색』. 서울: 화평사.

임현진. 1999. "국가와 지배 구조: 중심 지향적 사회의 세." 김일철 외.『한국
사회의 구조론적 이해』. 서울: 아르케.

임형백. 2012a. "한국의 다문화 사회의 방향 모색." 한글문화연대 주최 "다문
화 담론과 바람직한 외국인 정책" 토론회 발표문. 2012.7.25. 한국
언론재단 기자회견장.

_____. 2012b. "선택적 포용과 배제를 통한 한국인의 정체성 형성." 문화콘
텐츠기술연구원 다문화콘텐츠연구사업단 엮음.『동서양 역사 속의
다문화적 전개 양상』. 광명: 도선출판 경진.

하용출 편. 2008.『한국 국제정치학의 발전과 전망』. 서울: 서울대학교 출판부.

헨더슨, 그레고리 지음, 박행웅·이종삼 옮김. 2000.『소용돌이의 한국 정치』.
서울: 한울아카데미.

현재호. "한국사회의 이데올로기 갈등: 정치적 대표체제로서의 정당을 중심
으로."『한국정치학회보』 42:4, 213-241.

Dahl, Robert. 1989. *Democracy and Its Critics*. New Haven and London:
Yale University Press.

O'Donnell, Guillermo. 1973. *Modernization and Bureaucratic- Authori-*

tarianism: Studies in South American Politics. Berkeley: Institute of International Studies, University of California.

Pareto, Vilfredo. 1916, 1935. The Mind and Society. Harcourt Brace and Company.

Walzer, Michale. 2004. Politics and Passion: Toward a More Egalitarian Liberalism. New Haven and London, Yale University Press.

찾아보기

지은이 소개

■ 김영명

현 │ 한림대학교 정치행정학과 교수, 한국정치외교사학회 회장
　　서울대학교 외교학과, 뉴욕주립대학교 졸업, 정치학 박사
　　한림대학교 사회과학대학 학장, 국제학대학원 원장 역임
　　한국정치학회 부회장, 한글문화연대 대표 역임
　　한국정치학회 학술상, 외솔상 수상

최근 저서 │
　　『담론에서 실천으로: 한국적 정치학의 모색』(2010)
　　『단일 사회 한국: 그 빛과 그림자』(2011)
　　『이게 도무지 뭣하자는 소린지 모르겠고: 한국 불교, 이것이 문제다』
　　　(2012)
　　『대한민국 정치사』(2013)